AKAL • HISTORIA DEL MUNDO PARA JÓVENES

LOS VALIDOS

Bernardo José García García

akal
EDICIONES

Historia del mundo para jóvenes
Serie Historia de España
Director: *Miguel Morán Turina*

Maqueta: RAG

Cubierta:
Retrato escuestre del Duque de Lerma como Capitán General
de la Caballería de España, pintado por Rubens;
y retrato del Conde Duque de Olivares con hábito
de la orden de Alcántara, pintado por Velázquez.

*A la memoria
de Don Francisco Tomás y Valiente.
Magnífico profesor
y hombre de estado.*

Los Berrocales del Jarama
Apdo. 400 - Torrejón de Ardoz
Teléfs.: (91) 656 56 11 - 656 51 57
Fax: (91) 656 49 11
Madrid - España
ISBN: 84-460-0600-6
Depósito legal: M. 12.361 - 1997
Vía Gráfica, S.A.
Fuenlabrada (Madrid)

Índice

Introducción

A lo largo de la primera mitad del siglo XVII, el gobierno de las principales monarquías europeas se caracterizó por el protagonismo que los reyes concedieron a algunos de sus hombres de confianza, a quienes colmaron de mercedes y de cargos para que les ayudasen en sus tareas ordinarias. Ésta fue la época de los grandes privados, como Cecil y Buckingham en Inglaterra, Richelieu y Mazarino en Francia, o Lerma y Olivares en España. Aunque esta fase se ha venido considerando como un fenómeno negativo en la evolución del absolutismo, que se atribuía sobre todo al carácter indolente de los gobernantes, su aparición y desarrollo estuvo estrechamente ligado al deseo de la nobleza de participar en los beneficios del patronazgo real y en una maquinaria administrativa cada vez más compleja.

En el caso de la monarquía española, estos privados recibieron el nombre de validos, porque su firma llegó a equipararse a la del rey en los documentos (denominados billetes) que empleaban para transmitir sus órdenes. Se convirtieron así en intermediarios entre el soberano y sus súbditos, controlando la toma de decisiones sobre las principales cuestiones de gobierno y la concesión de mercedes del patronazgo real (títulos nobiliarios, hábitos de órdenes militares, oficios, tierras, rentas y otros privilegios), tal como proponían estos versos sacados de una comedia coetánea:

«Entre el pueblo y el Rey hallo
que un privado debe haber
que rey parezca en poder,
siendo en escuchar vasallo;
pues con él más libremente,
menos medroso y turbado,
se querella el agraviado,
se declara el pretendiente,
se ventila lo importante,
se busca a la pretensión
camino; cosas que son,
no sólo del negociante
alivio en el mar mayor,
mas premio en parte también;
que es favor escuchar bien,
y sabe a premio el favor».

El Cardenal de Richelieu, el más influyente privado y ministro del rey de Francia Luis XIII, se convirtió en el verdadero rival de Olivares en la escena política europea.

El Duque de Buckingham (dibujado por Rubens) fue el más célebre favorito del rey Jacobo I de Inglaterra. Después de varios fracasos en política exterior y de polémicas reformas, murió asesinado en 1628.

El Duque de Lerma aparece descrito por diversos coetáneos como un hombre devoto, de trato afable, cuidada vestimenta y gustos refinados, que dominaba las disciplinas del perfecto cortesano.

El Conde Duque de Olivares (por Velázquez) era infatigable en su trabajo: «desde la cama al aposento del despacho, y desde él al coche, en rincones, escaleras, con breves paradas oye y despacha infinita gente».

Durante el siglo XVII español hasta la aparición de lo que ya podríamos considerar como la figura del primer ministro en el reinado de Carlos II, se aprecia una clara línea de continuidad en la presencia de los validos en el poder, interrumpida por breves períodos de transición o de gobierno personal de los últimos Austrias. Este libro se centra particularmente en las trayectorias del Cardenal-Duque de Lerma y el Conde-Duque de Olivares, que constituyen los casos más relevantes no sólo por la larga duración de su influencia en la corte —unos veinte años cada uno—, sino también por la enorme trascendencia política que tuvo su valimiento. Aun así, se incluyen diversas referencias a los demás validos y grandes privados españoles del siglo XVII: el Duque de Uceda, Baltasar de Zúñiga, Luis Méndez de Haro, el confesor Everardo Nithard y Fernando Valenzuela.

1. El privado perfecto en el laberinto de la corte

La corte como centro del favor real

Dentro de la abundante literatura sobre la vida en la corte, los privados y las relaciones entre éstos y el príncipe que propició el fenómeno del valimiento a principios del siglo XVII, encontramos la obra de un escritor napolitano, llamado Brancalasso, que, recurriendo a una imagen tópica bastante difundida en la época, nos describía la corte como un laberinto en cuyo centro estaban el Rey y su privado. Esta guía para alcanzar y conservar de forma duradera la máxima aspiración de todo cortesano nos brinda una precisa definición de la privanza exclusiva de los validos en estos términos: «la privanza no es otra cosa sino una singular, excelente y ordenada afición que un soberano tiene a alguna persona, por propios merecimientos o por servicios de sus antepasados».

CENTVRIA I.

TANTA EST FALLACIA TECTI.

EMBLEMA. 31.

Mañana, eſſotro, partire à mi caſa,
Dize el entretenido Corteſano,
Un año y otro, en eſte medio paſſa,
Porque ſalir de alli, no es en ſu mano:
La ſalud gaſta, la haziẽda abraſa,
Con pretẽſiõ de vn penſamiento vano,
Y el mas prudente, y corteſano viejo,
Pierde la vida, y dexa alli el pellejo.

Este emblema (representación alegórica con un lema moralizante) de Sebastián de Covarrubias, que publicó en un libro dedicado a Lerma, representa el laberinto de la corte.

La corte, radicada en Madrid desde 1561 como residencia de los monarcas españoles y como sede permanente de sus consejos de gobierno, se convirtió en el principal centro del poder real y en la capital de una poderosa monarquía con posesiones en todos los continentes. Los intereses políticos y económicos de los grupos sociales más influyentes, las pretensiones personales y familiares en la promoción social y en el enorme conjunto de mercedes que distribuía la voluntad de sus soberanos, hacían de ella un verdadero laberinto controlado por quienes detentaban el poder y gozaban de la amistad del rey compartiendo su entorno más cercano.

La existencia de una rigurosa etiqueta (las formas de comportamiento y costumbres que se usaban en los actos públicos), en la que confluían las tradiciones cortesanas borgoñona, austríaca, portuguesa y castellana, limitaba a los pretendientes el trato directo con el monarca mediante audiencias privadas o públicas que eran asignadas por los hombres de confianza del valido. De he-

En esta panorámica de la corte a fines del siglo XVI, contemplada desde el Manzanares, se aprecia claramente el antiguo Alcázar de Madrid, donde se desarrolló buena parte de la historia de los validos.

El fastuoso Palacio del Duque de Lerma en la Carrera de San Jerónimo de Madrid, junto al Paseo del Prado, con sus huertas y jardines, contribuyó a transformar esta zona noble de expansión de la corte.

cho, existían diversos niveles de acceso al soberano en la propia disposición de su palacio, que atendían desde los porteros de las cadenas de la entrada hasta los pocos gentilhombres a quienes se concedía el privilegio de usar la llave dorada de las habitaciones más íntimas del rey. Además, en todos los actos protocolarios de la corte se guardaba con especial celo el orden de precedencia, marcando las diferencias de rango y confianza personal dentro del estamento nobiliario que prestaba servicio en ella.

El establecimiento permanente de la corte y de los consejos en Madrid favoreció la afluencia de muchos pretendientes y negociantes, entre los que había nobles, eclesiásticos, banqueros, militares, diplomáticos, artistas, oficiales artesanos, sirvientes y numerosos vagabundos, que acudían en busca de mayores oportunidades. El parentesco, las alianzas matrimoniales, el poder económico y social, o los vínculos creados por el servicio creaban fuertes relaciones horizontales y verticales entre los diversos órdenes que componían la sociedad, utilizándose para medrar en la trama de este complicado laberinto.

La distribución de las mercedes

La concesión de oficios y mercedes que se realizaba en la corte solía tener en cuenta tanto la experiencia y capacidad personal de los candidatos, como los méritos propios y de sus antepasados, pues muchos de los cargos eran considerados patrimonio de una familia, cuyos servicios se premiaban honrando a sus descendientes. Pero también resultaba determinante en la distribución de mercedes y en la promoción administrativa y política de los candidatos su relación con quienes gozaban del favor y la confianza del rey. Los privados procuraban atraerse así a hombres de valía que les ayudaban en las tareas de gobierno, y recurrían a sus propios familiares, amigos y servidores para completar un sistema de relaciones que podía asegurar su posición frente a otros pretendientes.

Aunque el principal órgano que se encargaba de la concesión de mercedes y dignidades era la Cámara de Castilla, los demás consejos supremos —semejantes a los actuales ministerios— radicados en la corte también tenían competencia en la proposición y selección de candidatos para los oficios que se hallaban bajo su jurisdicción. En las decisiones finalmente adoptadas por el soberano solían pesar más los pareceres de un grupo reducido de consejeros y secretarios, de alguno de los miembros de la familia real, de sus confesores o de determinadas personas principales de su servicio.

No podríamos establecer distinciones entre los intereses de los cortesanos y los ministros, porque todos ellos participaban en el ámbito jerárquico de la corte y aspiraban a beneficiarse del patronazgo y el favor de la corona. El rey debía gobernar no sólo recompensando a quienes le servían, sino también procurando mantener un complicado equilibrio entre los diferentes grupos o facciones en que se alineaban sus cortesanos según sus intereses y la evolución de la situación política. Sin embargo, la influencia que ejercían sus privados y la facción dominante como intermediarios del favor real contribuyó a crear un nuevo sistema de lealtades, en el que se premiaban los servicios prestados al valido y a sus hombres de confianza, tendiendo a disminuir los mecanismos de control de la corrupción y el cohecho, y procurándose conservar fuertes lazos de entendimiento con muchos de los grupos sociales más poderosos, dentro y fuera de la corte.

Felipe III ataviado como Gran Maestre de la Orden del Toisón (por Sánchez Coello). Ésta era una de las dignidades más apreciadas, pero sólo se concedía a personas de sangre real, los Grandes y los príncipes extranjeros.

La privanza perfecta

La literatura política renacentista dedicó notable atención a la figura de los privados, y buena prueba de ello son los célebres *Avisos de privados y doctrina de cortesanos* de fray Antonio de Guevara, que se convirtieron en lectura esencial para muchos políticos posteriores.

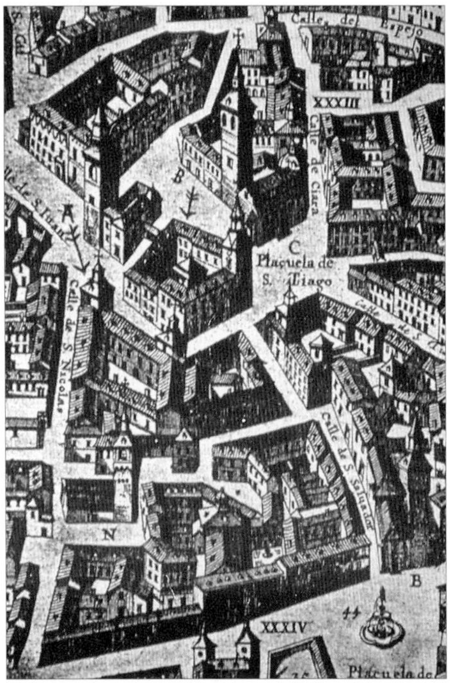

Aunque Olivares se acomodó enseguida en palacio, junto a la Plaza de Santiago se encontraban la Casa de la Cruzada (A), donde vivió algunos años antes de su privanza, y la Casa de los Guzmanes (B).

No obstante, a fines del siglo XVI empezaron a aparecer numerosos discursos, tratados y advertimientos, que enseñaban el arte de la privanza perfecta de acuerdo con la concepción cristiana de la razón de estado, valorando sus ventajas e inconvenientes.

La mayoría pretendían ofrecer al valido, a quien dedicaban su obra, o a los cortesanos que aspiraban a serlo, un verdadero manual político y moral, con el que podrían alcanzar y conservar el favor del rey cumpliendo debidamente sus obligaciones y engrandeciendo su linaje y patrimonio.

Así se presentaba un modelo ideal de privanza, en el que se aconsejaban entre otras cosas: no sólo ganarse la amistad del soberano, sino también hacerse imprescindible en sus tareas ordinarias; adquirir hacienda de forma lícita; estrechar los lazos de parentesco con otras familias poderosas; compartir las mercedes canalizando la voluntad real; repartir los asuntos de gobierno promoviendo a colaboradores de valía y entera confianza; adecuar los beneficios alcanzados con la privanza a la propia condición social y a los cargos que se ejercían; dedicar parte de su riqueza a patrocinar la beneficencia, las fundaciones religiosas y otros ges-

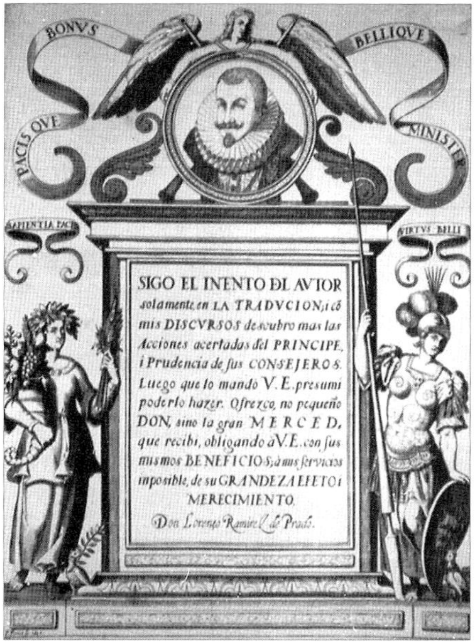

En el libro titulado Consejo y consejeros de Príncipes, *de Lorenzo Ramírez de Prado, encontramos este grabado del Duque de Lerma como buen ministro en la Paz y la Guerra.*

APHORISMOS SACADOS DE LA HISTORIA DE PVBLIO CORNELIO Tacito, por el D. Benedicto Aries Montano, para la conservacion y aumento de las Monarchias, hasta agora no impressos.

Y las Centellas de varios Conceptos, con los avisos de Amigo de Don Ioachin Setanti Cavallero Catalan del habito de Montesa.

DIRIGIDO AL ILLVSTRISSIMO Y Reverendiss. Señor Don Luys Sans, del Consejo de su Magestad, y Obispo de Barcelona.

Año 1614.

CON LICENCIA.

En Barcelona, Por SEBASTIAN MATEVAT.

A costa de Miguel Manescal, mercader de Libros.

La lectura de las obras de Tácito, Séneca y otros autores latinos inspiró profundamente el pensamiento político y filosófico de muchos gobernantes españoles del siglo XVII, *e influyó mucho sobre la formación de Olivares.*

tos públicos semejantes; mantenerse muy bien informado de cuanto sucedía dentro y fuera de la corte; conservar la paz exterior y procurar el contento del pueblo; despedir de manera honrosa a los privados que le habían precedido; evitar el enfrentamiento con quienes provocasen su caída, y preparar la propia retirada de la corte antes de perder por completo la amistad del rey.

En cambio, otros tratados iban dirigidos al soberano y le mostraban la forma en que debía manejar a sus privados para evitar los peligros que entrañaba la excesiva influencia de alguno de ellos. Aunque estas obras solían reconocer que la existencia de privados en la corte era inevitable y podía contribuir a aliviar las tareas de gobierno del monarca, trataban de delimitar claramente sus competencias y atribuciones, que nunca deberían poner en entredicho la autoridad del rey.

La cambiante fortuna de los privados, que dependía de la voluntad del príncipe, se representaba a menudo con una rueda en la que se veía el ascenso, el triunfo y la caída de quienes gozaban del favor real. De hecho, si enorme era el poder que llegaban a tener gracias a su influencia junto al rey, también lo eran los riesgos y presiones que acechaban su carrera, como nos advierte el siguiente texto: «Y pues quiere el Privado subir una grande escalera, y sublimarse en ella sobre todos, forzoso será subir por sus grados, y ayudarse con pies y brazos... y grande a de ser la maña que para ello habrá de tener el que priva, habiendo de atribuir para sí sólo, lo que debiera ser repartido entre muchos; y esté persuadido el Privado que todo lo malo y desastroso que aconteciere en su tiempo... a su privanza echarán todos la culpa, como quien todo lo consulta, todo lo guía, y todo lo manda; y pues las honras, los provechos, los acatamientos, los cargos y oficios, y toda la meolla de la monarquía se aplican a él, justo es que de los desastres, pesares y ruines sucesos a él se dé la culpa».

2. El gobierno de la monarquía y los orígenes del valimiento

El sistema de consejos y las juntas

En el gobierno de la monarquía española del siglo XVII, el rey representaba la máxima instancia de poder, adoptando sus decisiones para atender las necesidades que planteaba ordinariamente la compleja realidad de sus estados asesorado por un sistema de consejos que se dividía en las siguientes materias: Estado, Guerra, Hacienda y Cruzada, Inquisición, Órdenes Militares, Castilla, Cámara Real, Indias, Aragón, Italia, Flandes y Portugal.

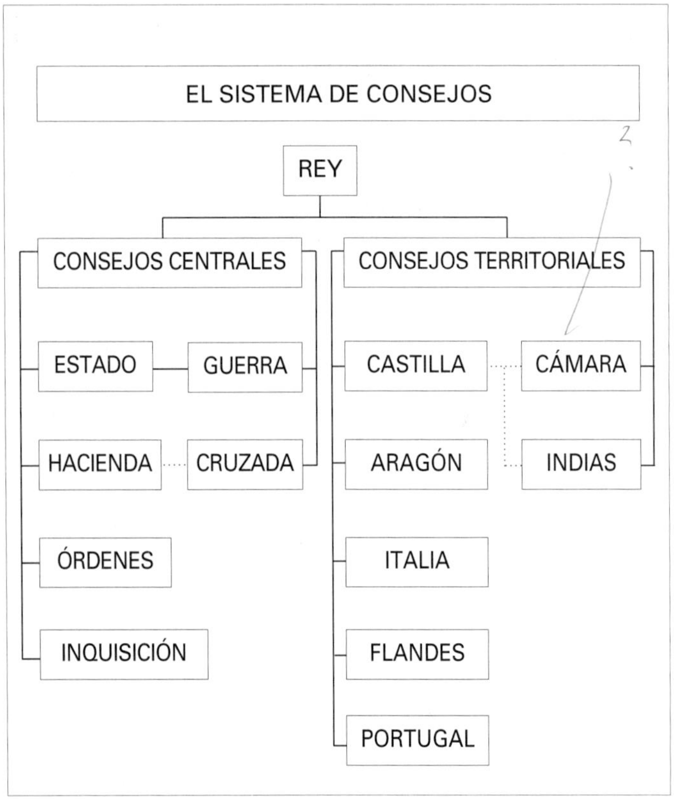

El sistema de consejos de la monarquía española durante los Austrias. El rey toma las decisiones con el asesoramiento de varios consejos centrales y territoriales.

Entre estos trece consejos podemos distinguir dos grupos: consejos centrales y consejos territoriales. El más importante de todos era el Consejo de Estado, que asesoraba al rey sobre todas las cuestiones relacionadas con la política global de la Monarquía, y en particular su política exterior. Directamente subordinado a él se creó el Consejo de Guerra, como un organismo integrado por expertos profesionales y consejeros políticos, encargado de asesorar al monarca en todas las cuestiones militares. Mientras el rey presidía personalmente estos dos consejos, casi todos los demás se hallaban bajo la dirección de un presidente elegido por él.

El Consejo de Hacienda administraba las rentas de la corona, trataba de controlar sus gastos, gestionaba su crédito y supervisaba su política fiscal general. El de Cruzada se encargaba de administrar la recaudación que se obtenía con un impuesto de carácter religioso para la lucha contra los infieles. El Consejo de Órdenes tenía competencia sobre la promoción de caballeros con hábitos de las órdenes militares que podía conceder el rey (Alcántara, Santiago, Calatrava, Montesa). Por último, el Consejo de Inquisición velaba por la pureza del culto religioso y la moral católicos, persiguiendo a los que se consideraban falsos conversos o herejes, controlando la censura y editando índices de libros prohibidos.

Entre los consejos territoriales destacaba el Consejo de Castilla, que tenía jurisdicción sobre los reinos de la Corona de Castilla desde el Cantábrico hasta las costas de Andalucía. Era el que ocupaba el primer orden después del Consejo de Estado y también recibía el nombre de Consejo Real. A partir de él se creó la Cámara de Castilla, que asesoraba al rey sobre la concesión de todo tipo de mercedes y multitud de oficios públicos. Para encargarse de los asuntos relacionados con la administración y explotación de las colonias se estableció el Consejo de Indias, que también se desgajó de las competencias del Consejo

Los privilegios constitucionales de los reinos de la Corona de Aragón, que estaban garantizados por sus fueros, eran jurados por los reyes y limitaban su política centralizadora.

Felipe II, anciano (por Pantoja de la Cruz). Este rey forjó el modelo de soberano en el que se mirarían sus sucesores al frente de la gigantesca Monarquía Hispánica.

de Castilla. A estos organismos habría que añadir otros consejos regionales con competencias sobre cuestiones jurídicas y la concesión de oficios y, como el Consejo de Aragón para los territorios de Aragón, Valencia y Cataluña; el de Italia, para los estados de Milán, Nápoles, Sicilia y Cerdeña; el de Portugal, para su propio reino e imperio colonial; y el de Flandes, para las provincias de los Países Bajos y el Franco Condado.

Esta organización de los consejos constituía un sistema de gobierno basado en un asesoramiento colegiado, que implicaba a centenares de oficiales, secretarios y consejeros. Además, se encargaba de atender la correspondencia entre el rey y los ministros que debían poner en práctica sus decisiones, reuniendo toda la información necesaria con la que se elaboraban, debatían y proponían soluciones a los numerosos problemas políticos, legislativos, administrativos, económicos, financieros, sociales y religiosos planteados.

Para hacer frente a la enorme cantidad de papeles, informes y cartas que debían estudiar a diario, se crearon juntas especiales de carácter temporal, integradas por un grupo reducido de consejeros y un secretario, cuyo propósito era agilizar las tareas ejecutivas ordinarias del soberano. Las juntas solían coordinar las actividades de varios consejos —así sucedía por ejemplo con las llamadas juntas de presidentes— para tratar de forma conjunta un determinado problema sin que se produjesen duplicaciones innecesarias o conflictos de competencia. En ocasiones, llegó a haber juntas con amplios poderes de gobierno y con gran influencia, como la Junta de Noche en los últimos años del reinado de Felipe II, y la Junta Grande de Reformación, a caballo entre los reinados de Felipe III y Felipe IV.

Para abordar los graves problemas financieros y monetarios de la corona se instituyeron diversas juntas de hacienda, y para estudiar nuevas formas de contribución fiscal se designaron juntas de desempeño y juntas de arbitrios. El importante volumen de recursos materiales, humanos y financieros que precisaba la administración militar propició asimismo la creación de diversos comités, como las juntas de guerra, las juntas de galeras y las juntas de fábricas y armadas. Por último, cabe mencionar que el asesoramiento de las decisiones reales que podían tener importantes repercusiones jurídicas, morales o religiosas, se hacía recurriendo a la institución de juntas de teólogos y juristas.

La enorme capacidad de trabajo del secretario catalán Pedro de Franqueza le convirtió en uno de los más valiosos colaboradores de Lerma, pero un proceso por corrupción lle apartó de su servicio en 1607, desencadenando una crisis política profunda.

A través de las juntas, el valido podía conocer mejor y de forma más reservada los principales asuntos de gobierno, situando en ellas a consejeros de su entera confianza. Si estos pequeños comités no trataban de sustituir a los consejos ya existentes y no actuaban completamente al margen de aquéllos, las resoluciones podían adoptarse con mayor rapidez. Aunque en la mayoría de los casos las juntas se convirtieron en un claro instrumento de la política promovida por el valido para reducir la influencia de los grupos de oposición que tenían mayor peso en los organismos colegiados ya instituidos, y para agilizar la toma de decisiones, también representaron un nuevo obstáculo en el proceso de burocratización de la administración pública, al igual que los bajos salarios de sus profesionales o los importantes atrasos en las pagas propiciaron la corrupción.

El manejo de los papeles: de los secretarios del rey al primer ministro

Algunos de los principales secretarios que trabajaban personalmente junto a los monarcas españoles para atender su correspondencia diaria, preparar los documentos con sus órdenes y despachar todas las peticiones y memoriales dirigidos al rey, se convirtieron en sus privados, tal como sucedió con Francisco de los Cobos, Mateo Vázquez o Juan de Idiáquez en el siglo XVI.

La intensa y constante labor de los secretarios era esencial para el funcionamiento de la gigantesca maquinaria administrativa. El secretario principal de cada consejo, con ayuda de otros secretarios y oficiales, seleccionaba y preparaba el material que debía estudiar el rey en persona, y lo que se debía remitir a la discusión de los consejeros. Con las opiniones y votos de los miembros del consejo se redactaba una *consulta* que se sometía a la decisión del rey, y cuando éste daba su parecer, se devolvía al secretario para emitir las órdenes e instrucciones que precisaba su aplicación.

El trato continuo con el rey y su conocimiento no sólo de los secretos de la monarquía, sino también de las aspiraciones personales de los cortesanos, convirtió a los secretarios de Estado en intermediarios privilegiados y serios competidores para quienes querían ganarse el favor real. Para limitar su influencia, los validos procuraron promover a estos cargos a sus propios secretarios o a verdaderas dinastías de burócratas, tratando de controlar directamente el despacho de los asuntos de gobierno y patronazgo. Asumieron, por tanto, algunas de sus más importantes funciones, como el acceso a la correspondencia ordinaria y reservada dirigida al monarca, la distribución de los negocios entre sus consejos y juntas, o la resolución de las consultas, convirtiéndose de este modo en los únicos intermediarios entre el soberano y sus órganos asesores, y supervisando todas sus actividades. De esta forma, el valido unía a su condición de mayor privado en la corte, la de primer ministro del rey: «el ministerio del privado es el más alto... es el continuo asistente a todo aquello a que se estiende el arbitrio del Príncipe... la ayuda y consejo que le asiste a esta dirección y govierno universal»; y por estos servicios y los de sus antepasados justificaba su posición exclusiva y las numerosas mercedes que recibían tanto él como las personas a quienes favorecía.

En la práctica, los grandes validos de la monarquía española no se limitaron a controlar y coordinar la labor de los principales consejos, sino que llegaron a desarrollar sus propios mecanismos paralelos de asesoramiento y decisión, trabajando con un grupo escogido de consejeros y secretarios, en juntas de gobierno creadas al efecto para diseñar y promover su estrategia política. Este proceso ya se puede advertir en los últimos años del reinado de Felipe II, cuando Cristóbal de Moura y Juan de Idiáquez monopolizaron el despacho «*a boca*» (de palabra) de los asuntos de gobierno y patronazgo más importantes con el propio rey, reduciendo así el protagonismo de su principal secretario Jerónimo Gasol y de la mayoría de los presidentes. Desde entonces, el *manejo de los papeles*, en expresión propia de la época, será un rasgo característico del poder de los validos y de la pérdida de su influencia cuando dicha competencia se traspasaba a otro privado.

Felipe III llegó a conceder al Duque de Lerma plenos poderes ante los consejos y juntas de la Monarquía para que sus órdenes y su firma fueran obedecidas como las del propio soberano, en un decreto aprobado en 1612 que representa la máxima demostración pública de la intervención del valido en las tareas de gobierno reservadas al rey, lo cual se justificaba en estos términos: «Desde que conozco al duque de Lerma le he visto servir al rey mi señor y padre, que haya gloria, y a mí con tanta satisfacción de entrambos que cada día me hallo más satisfecho de la buena quenta que me da de todo lo que le encomiendo y mejor servido dél; y por esto, y lo que me ayuda a llevar el peso de los negocios, os mando que cumpláis todo lo que el duque os dixere o ordenare, y que se haga lo mismo en ese Consejo, y podrásele también decir todo lo que quisiere saber dél, que aunque esto se ha entendido así desde que yo sucedí en estos Reynos, os lo he querido encargar y mandar agora». En realidad, desde comienzos del reinado encontramos centenares de billetes que enviaba Lerma a secretarios y presidentes de los consejos, firmados generalmente con *El Duque* y encabezados por frases como ésta: «Su Magestad ha mandado que...». Los validos nunca prescindieron de este tipo de expresiones en la redacción de sus billetes con órdenes escritas de carácter público, para no dar argumentos a quienes los veían como usurpadores de la autoridad de los reyes.

Puede considerarse al portugués Cristóbal de Moura, privado de Felipe II, como uno de los más claros precedentes del valimiento, por el control que llegó a ejercer sobre la distribución de mercedes y el gobierno de la monarquía.

El valimiento como instrumento político y social de la nobleza

El desarrollo de la corte y la creciente amenaza que representaba el encumbramiento de oficiales profesionales, que se habían formado en las universidades y procedían de la nobleza media, en los puestos de responsabilidad de los consejos, hizo que los principales miembros de las familias de la alta nobleza se esforzasen por volver a ocupar los primeros lugares en el entorno del rey.

El valimiento supuso la instauración de un régimen político-cortesano basado en una única privanza que reordenaba las relaciones de poder y la distribución de las mercedes, asumiendo con el respaldo de la autoridad real la dirección de las principales tareas de gobierno y organizando la vida del propio rey y del conjunto de la corte. El endeudamiento de las grandes casas nobiliarias y las posibilidades que ofrecía el patronazgo real para obtener nuevas tierras y derechos o para conservar sus privilegios, atrajo ampliamente a la aristocracia al servicio del monarca.

Muchos tratadistas políticos de fines del siglo XVI y principios del XVII insistían en que era preciso emplear a los miembros de los grupos sociales más importantes para que ocupasen el lugar que les correspondía, prestando servicio en los cargos de la

Arriba: *Los validos de origen nobiliario hacían propaganda de su linaje. Esta obra relaciona las líneas de descendencia de Felipe III y el Duque de Lerma desde Adán.*

Derecha: *En este retrato de Olivares (por Velázquez), se aprecian los símbolos de la espuela y la llave doradas, que correspondían a los cargos que detentaba el Conde Duque en la corte, como Caballerizo Mayor y Camarero Mayor del rey.*

máxima responsabilidad y realzando con su presencia el estilo de vida de la corte. De esta forma se evitaría además su ociosidad, y su riqueza redundaría en beneficio de la conservación de la Monarquía dentro y fuera de sus fronteras.

A lo largo del siglo XVI los monarcas españoles no prescindieron en absoluto de los servicios de la alta nobleza para sus gobiernos y embajadas, ni para desempeñar los principales oficios cortesanos, pero el valimiento potenció su protagonismo, y en manos de privados como Lerma, Uceda, Zúñiga, Olivares y Haro, que pertenecían a dos de las familias de la *grandeza* —el rango más alto de la nobleza española—, Sandovales y Guzmanes, se convirtió en un poderoso instrumento para asegurar su influencia y sanear sus haciendas a costa del patrimonio real.

El palacio ducal de Lerma (diseñado por Francisco de Mora) ha perdido su original techumbre de pizarra. Una serie de pasadizos lo comunicaban con los demás edificios principales de la villa, y en la plaza se hacían representaciones teatrales o el célebre despeñadero de toros al río Arlanza.

El control de la distribución de mercedes permitió a los validos promover a sus familiares y entablar importantes lazos de parentesco con los demás linajes de la alta aristocracia. Como símbolo de esta restauración de los *grandes*, en los primeros años de la privanza del Duque de Lerma el máximo órgano asesor de la monarquía, el Consejo de Estado, se llenó de grandes titulados, entre los que encontramos, además del valido, a los Duques de Medina Sidonia, Infantado, Nájera y Terranova, y a los Condes de Chinchón, Miranda, Fuentes y Alba de Liste.

Sin embargo, este protagonismo de la alta nobleza, que propició un nuevo esplendor cortesano para reforzar la imagen pública del rey y su privado, volvió a situar en el primer plano de la actividad política de la corte y los gobiernos de las provincias el enfrentamiento entre las facciones que ambicionaban monopolizar el favor real. También contribuyó a aumentar el personal que servía al rey en sus palacios y consejos, elevando considerablemente tanto los gastos ordinarios en sueldos, entretenimientos, libreas, manutención y botica, como los extraordinarios en limosnas, ayudas de costa y otras mercedes.

La concentración de poderes que produjo el valimiento y las responsabilidades políticas que llegaron a asumir los privados reforzaron en muchos aspectos la capacidad ejecutiva de la corona y la propia imagen de la monarquía, pero también consolidaron la influencia de las facciones nobiliarias en la corte. En las últimas décadas del siglo XVII, éstas acabaron reemplazando a los validos por un mayor número de privados cortesanos y la instauración de primeros ministros más profesionales, como Medinaceli y Oropesa, cuya designación no sería consecuencia de la propia amistad y confianza personal del rey, sino de meras intrigas políticas y palaciegas. Sin duda, este proceso se vio favorecido por la minoría de edad y las limitaciones personales del último de los Austrias, Carlos II.

3. El duque de Lerma, valido del rey

La herencia de los Sandovales

Para entender mejor cómo se desarrolló la carrera del I Duque de Lerma, Francisco Gómez de Sandoval y Rojas, antes de convertirse en el mayor privado del rey Felipe III, debemos recordar los vaivenes de fortuna que sufrieron sus antepasados en el servicio de los Trastámara y de los Austrias, pues llegarían a influir de forma decisiva en la política familiar promovida durante su valimiento.

El Duque pertenecía a uno de los más antiguos linajes nobiliarios castellanos, los Sandovales, cuyos dominios patrimoniales más importantes se situaban originariamente en la parte central de la actual provincia de Burgos y tenían como cabeza de sus estados desde 1426 el Condado de Castrojeriz. A raíz del enfrentamiento surgido entre buena parte de la nobleza castellana y los Infantes de Aragón contra Juan II de Castilla y su poderoso privado Don Álvaro de Luna, el principal representante de la familia, Diego Gómez de Sandoval, que hasta entonces había gozado del favor del rey, cayó en desgracia por sus estrechas relaciones con los Trastámara aragoneses. Fue declarado rebelde y se confiscaron todas sus posesiones en territorio castellano en beneficio de otras grandes familias con intereses en la región e influencia en el entorno de Juan II. Desde ese momento, los Sandovales no sólo perdieron las rentas de sus estados por un exilio forzoso en la Corona de Aragón, sino también su participación en los círculos de poder y patronazgo de la corte castellana.

Para tratar de compensar este duro revés, los Infantes de Aragón premiaron su apoyo con la concesión de diversas villas en el Reino de Valencia (Denia, Balaguer y Borja). A lo largo de la segunda mitad del siglo XV y durante todo el siglo XVI, la Casa de Sandoval orientó su estrategia familiar a la recuperación del patrimonio confiscado y su antigua influencia en la corte, primando los enlaces matrimoniales de sus principales herederos con damas de la alta aristocracia del norte de Castilla (Enríquez, Zúñiga y De la Cerda) y procurando ganarse el favor de los reyes castellanos ofreciéndoles su servicio en momentos políticamente propicios.

Tal fue el caso del apoyo prestado a Enrique IV, que les reportó el título de Condes de Lerma, si bien con rentas insuficientes para volver a desempeñar un papel cortesano importante. Por su parte, el respaldo a Fernando e Isabel durante la guerra civil que les enfrentó a los partidarios de Enrique IV fue recompensado con la concesión del título de Marqueses de Denia en 1485. Aunque así se afianzó su posición entre la nobleza valenciana, los pleitos emprendidos en Castilla para recuperar sus antiguos estados fueron paralizados por sus adversarios más directos.

En los primeros años del reinado de Carlos I, los Sandovales empezaron a obtener cargos todavía poco relevantes en la corte castellana, asumiendo principalmente el servicio personal y la custodia de la reina madre Juana I, *La Loca,* durante su reclusión en Tordesillas. Su valiosa colaboración durante la revuelta de las Comunidades (1519-1521) les permitió incorporar a la familia en el más alto rango nobiliario de la Monarquía mediante

El malogrado Príncipe Don Carlos (por Sánchez Coello), primogénito varón de Felipe II, cuyo encierro y trágica muerte inspiró algunos de los polémicos escritos que forman parte de la Leyenda Negra sobre la crueldad de su padre.

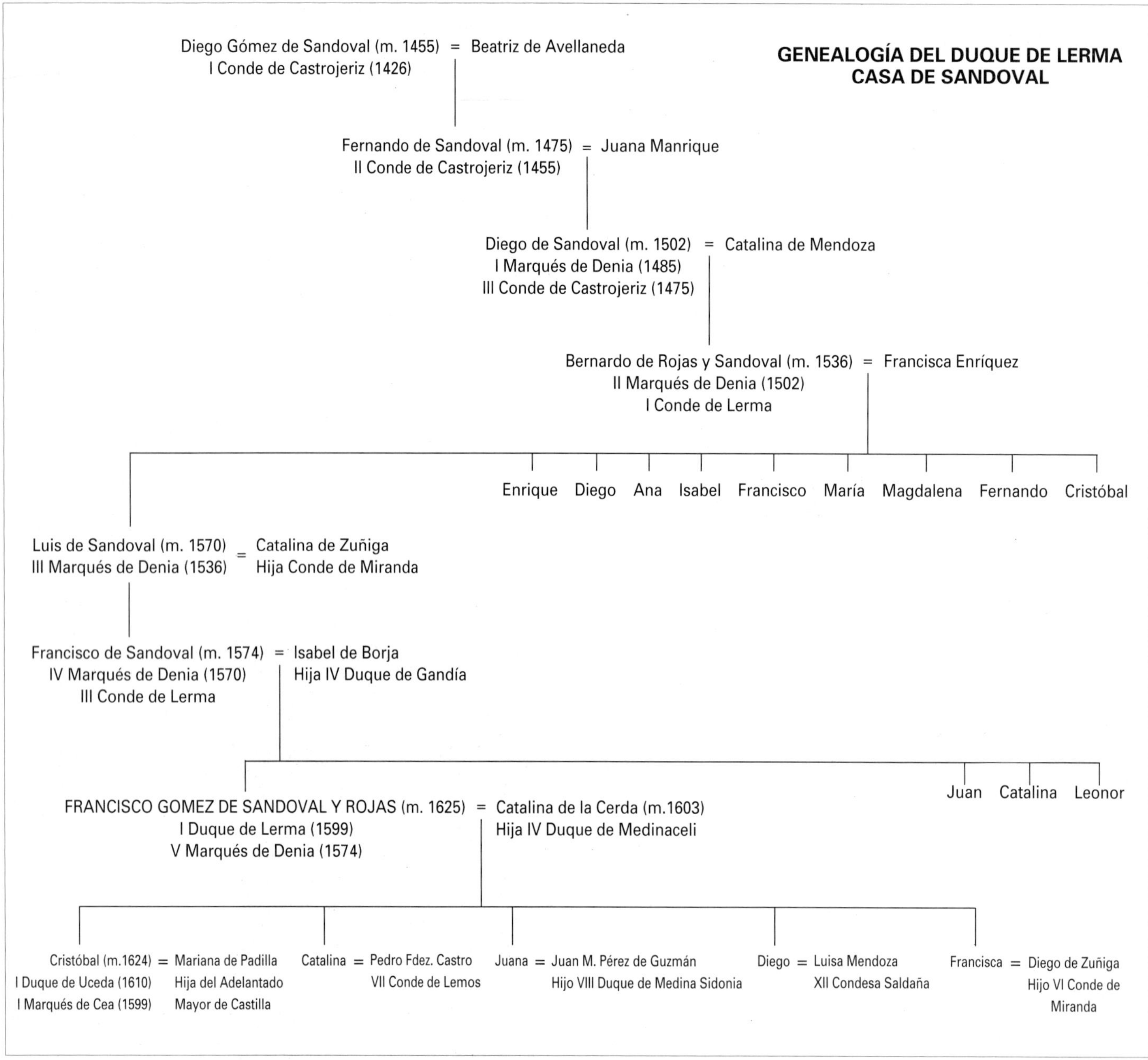

Árbol genealógico del Duque de Lerma y la Casa de Sandoval, una de las familias de la Grandeza española.

El Duque de Lerma (escultura de Pompeo Leoni) dedicó gran parte de sus esfuerzos a un enriquecimiento personal y familiar, que aspiraba a resarcirle de sus pasadas penurias económicas, lo que se convirtió en uno de los principales argumentos de sus adversarios.

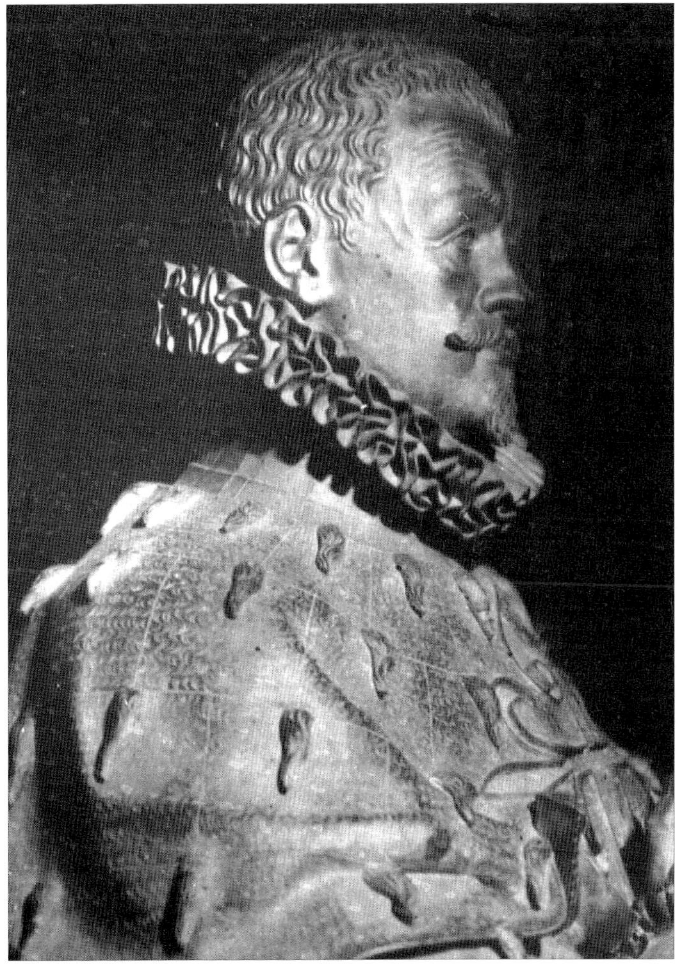

la concesión del título de *Grandes* de Castilla (1521). A pesar de ello, el bajo nivel de sus rentas en Castilla y Valencia les siguió manteniendo relegados a un papel secundario, y sus mejores posibilidades de promoción como mayordomos mayores y gentileshombres de Cámara del primogénito varón de Felipe II, a comienzos de su reinado, se vieron frustradas con la caída en desgracia del príncipe Don Carlos y su polémica muerte en 1568.

A mediados de siglo, el padre del futuro Duque de Lerma contrajo matrimonio con una hija del IV Duque de Gandía, (San) Francisco de Borja, quien acababa de ingresar en la Orden de los jesuítas y llegó a convertirse dos décadas después en su director (*General*). Esta unión con la familia más importante del Reino de Valencia volvería a reforzar la posición de los Sandovales, lejos aún de sus tradicionales aspiraciones.

El favor del joven heredero

Francisco Gómez de Sandoval nació hacia 1552 en el palacio-convento de Tordesillas donde servía su padre, y después de unos años de formación junto a su poderoso tío abuelo Cristóbal, que llegó a ser Arzobispo de Sevilla, acudió a la corte. A los trece años Felipe II le admitió como *menino* (caballero adolescente, que servía de acompañante a la reina o a los príncipes en su juventud) del Príncipe Don Carlos. Pero a raíz de la muerte del heredero le incorporó con el mismo oficio a la Casa de la Reina Isabel de Valois sólo por espacio de dos años, ya que el fallecimiento de la soberana volvió a dejar en situación comprometida su futuro en la corte.

Durante esos difíciles años de su juventud estuvo meditando seriamente la idea de ingresar en una orden religiosa, pero la inesperada desaparición de su padre en 1574 y las presiones de sus tíos le convirtieron en el máximo responsable de la familia. Para tratar de paliar sus acuciantes necesidades económicas y mejorar las posibilidades de sus estados, el V Marqués de Denia contrajo matrimonio apenas dos años después con una hija del Duque de Medinaceli llamada Catalina de la Cerda.

Al progresivo endeudamiento que en general padecía la nobleza, se sumaba la limitada rentabilidad de las posesiones del Marqués y los ingresos relativamente bajos que percibía por sus diversos oficios fuera de la corte. La introducción de regadíos con el patrocinio de su tío-abuelo Cristóbal en sus tierras valencianas al final de los años setenta, apenas alivió sus penurias económicas. No obstante el anciano Arzobispo, poco antes de morir, le facilitó el primer peldaño de la escalera que le llevaría al valimiento. En 1580, Felipe II añadió a su cargo honorífico de capitán de una compañía de las Guardas de Castilla el de Gentilhombre de la Cámara del Rey, para que formase parte del acompañamiento con que tomó posesión de la Corona de Portugal.

Si bien este oficio le permitió acercarse aún más a los grupos cortesanos influyentes que se disputaban la privanza del anciano monarca y su heredero, hasta comienzos de la siguiente década su carrera transcurrió marcada por una penosa falta de medios económicos adecuados a su posición. Con una oportuna adulación, un trato agradable, una reconocida devoción religiosa y algunos regalos personales logró ganarse el afecto del joven príncipe Felipe (III), que, sometido a una estricta educación y presionado por el control que ejercían sobre su entorno los privados de su padre, encontró en el Marqués de Denia a un amigo de confianza.

Esta relación se confirmó con su nombramiento como gentilhombre de la Cámara del Príncipe en 1592. Sus principales adversarios políticos encabezados por Cristóbal de Moura, y el recelo del propio monarca por la influencia que empezaba a tener Denia sobre el heredero, trataron de alejarlo de la corte. Se llegó a pensar en una salida muy rentable como Virrey del Perú, pero las instancias del Príncipe y la sólida posición que tenía el Marqués entre la nobleza valenciana facilitaron su promoción como Virrey de Valencia en 1595 con la idea de aplicar nuevas medidas de asimilación de la abundante población morisca. El empeoramiento de la salud de Felipe II y la amistad que durante su ausencia supo mantener Denia con el Príncipe, le trajeron de regreso a la corte en 1597, sin haber concluido su mandato, por expreso deseo del joven Felipe, y al año siguiente éste le concedió el principal oficio de su Casa como caballerizo mayor, apenas un mes antes de heredar el trono.

Desde septiembre de 1598 la amistad con el joven monarca le permitió emprender en las mejores condiciones posibles la restauración de la familia Sandoval, superando su antiguo protagonismo con la implantación del valimiento, aumentando de forma extraordinaria sus posesiones, rentas y privilegios en Castilla, Valencia y otros reinos, y emparentando a sus hijos con herederos de las principales *grandezas* españolas (Padilla, Lemos, Medina Sidonia, Infantado y Miranda).

El nuevo estilo de gobierno y los beneficios de la privanza

Al subir al trono, Felipe III reemplazó a Cristóbal de Moura por su nuevo favorito el Marqués de Denia en los dos oficios más importantes de su propio servicio, el de caballerizo mayor del Rey, con plena competencia en la organización del protocolo tanto fuera de palacio como en todos los viajes reales, y el de sumiller de corps, que tenía la máxima responsabilidad en la asistencia personal del rey dentro de Palacio.

A estos cargos, que le permitieron controlar el acceso al soberano y elegir a los miembros del servicio de las casas reales introduciendo a muchos amigos, parientes y criados, se añadie-

Felipe III, niño (por Sánchez Coello). La muerte de sus dos hermanos mayores le convirtieron a partir de 1585 en príncipe heredero, a pesar de que su padre no le juzgaba adecuado para asumir la tarea.

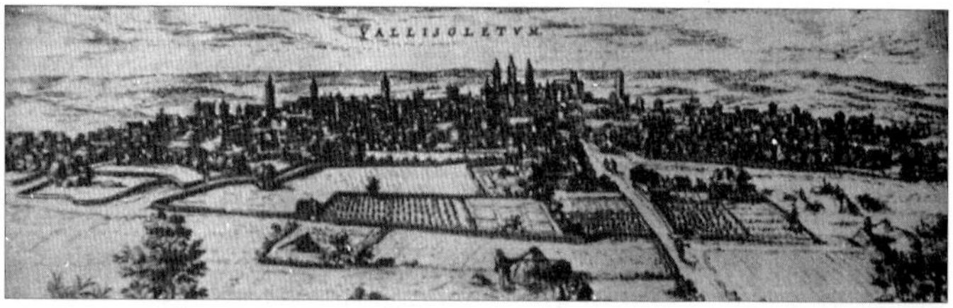

Valladolid, que antes de establecerse la corte en Madrid en 1561 había sido la capital de la monarquía en numerosas ocasiones durante la primera mitad del siglo XVI. Lerma trató de convertirla en una nueva corte hecha a su medida.

La reina Margarita de Austria, embarazada del futuro príncipe Felipe (IV), junto a la infanta primogénita Ana Mauricia (por Bartolomé González). La influencia que llegó a ejercer sobre Felipe III en ciertas cuestiones debilitaría la posición de Lerma.

ron otros como las alcaidías de las fortalezas y palacios donde solía alojarse Felipe III en sus desplazamientos, y todos los sitios reales de Valladolid, Madrid y sus alrededores. La enorme afición del rey a la caza y las estancias de la familia real en lugares de recreo se convirtieron en eficaz instrumento en manos del valido para controlar el favor del rey y el despacho de los asuntos de gobierno, ya que con estos numerosos viajes —siempre dentro del territorio peninsular— se reducía considerablemente el número de personas que le acompañaban y se fortalecía la privanza exclusiva de Lerma.

Desde un principio, el valido se encargó personalmente de organizar todos los actos públicos y privados del rey, convirtiendo sus propios estados y palacios en escenario privilegiado de muchos de ellos, como sucedió por ejemplo con el primer gran acontecimiento del reinado, las dobles bodas reales que se celebraron en Valencia y Denia en 1599. Pero su deseo de transformar el espacio cortesano que rodeaba al monarca español y asegurar el liderazgo de los Sandovales relanzando la economía de las tierras de Castilla la Vieja, que consideraba su patria, le llevó a promover el traslado de la Corte a Valladolid (1601-1606). Allí pudo consolidar su valimiento en las tareas de gobierno detentando los cargos de consejero de Estado y capitán general de la caballería de España, y empezó a preparar una corte paralela en la villa de Lerma, que tras la concesión del título ducal en 1599 se había convertido en cabeza de sus dominios.

Los veinte años que duró el valimiento del Duque de Lerma representaron el período de mayor apogeo político, económico y patrimonial de los Sandovales. Los dominios del valido, situados entre Burgos y Valladolid y en el Reino de Valencia, se ampliaron considerablemente con nuevas adquisiciones de tierras y

Rodrigo Calderón y su esposa Inés de Vargas. Fue el más estrecho colaborador de Lerma en los años más difíciles de su valimiento. Trabajaba como su secretario personal, dirigía la guardia valona por ser de origen flamenco y controlaba la vida de palacio.

privilegios hasta reunir, además del Marquesado de Denia, los Ducados de Lerma, Uceda y Cea. A sus oficios cortesanos y políticos, añadió los de regidor de ciudades y villas con voto en las Cortes de Castilla, tales como Valladolid, Madrid, Toledo, Segovia y Guadalajara. De manera que, según estimaciones hechas a fines del reinado, el valor de las mercedes y rentas recibidas durante su privanza ascendía a más de tres millones de ducados.

Aunque carecía de la experiencia necesaria en tareas de gobierno, era un maestro consumado en las relaciones personales y en las reglas de juego del «laberinto» de la corte, que supo aprovechar para liderar la actividad diplomática de la monarquía con los representantes de las potencias extranjeras. Además pudo suplir perfectamente sus carencias iniciales trabajando a diario con los presidentes y secretarios de los consejos, y apoyándose en el parecer de un reducido círculo de consejeros, entre los que cabría destacar a Juan de Idiáquez, Juan de Borja, el Conde de Miranda, Alonso Ramírez de Prado, Pedro Franqueza y Rodrigo Calderón. La restauración de los consejos de la monarquía promovida por Felipe III permitió que estos organismos consultivos y judiciales alcanzasen plena madurez y que se favoreciese la profesionalización de sus miembros y oficiales.

La agotadora, voluminosa y continua labor que requería el despacho ordinario y extraordinario de los papeles tanto públicos como privados que controlaba el privado, en jornadas de trabajo que en muchas ocasiones superaban las diez o doce horas, los numerosos viajes junto a un rey joven e infatigable en sus aficiones al aire libre, los excesos festivos y los reveses políticos o las desgracias familiares, hacían mella con bastante frecuencia en la salud de Lerma. Además, en una corte en la que el dinero y los regalos abrían muchas puertas y facilitaban la concesión de favores, tanto el Duque como sus propios privados importaron la costumbre de recibir regalos caros para aliviar sus calenturas y dolencias mientras se hallaban convalecientes. Por otra parte, no resulta extraño que la salud de Lerma se resintiese con frecuentes recaídas, achaques y fases depresivas, si tenemos en cuenta el enorme desgaste que representaba el ejercicio del poder y que su valimiento transcurrió entre los 44 y los 64 años de edad, cuando la media de vida de hombres acomodados no solía sobrepasar los cuarenta o cincuenta.

4. La crisis financiera y el auge del arbitrismo

El desempeño de la hacienda real

Una de las prioridades esenciales del reinado de Felipe III fue el saneamiento de la desastrosa situación financiera que había heredado de su padre. Aunque gracias a los manejos políticos de su valido los reinos de la Corona de Aragón concedieron al nuevo rey la mayor contribución económica otorgada a los Austrias, sólo se logró la renovación del principal impuesto que desde 1590 pagaba Castilla —los *millones*— cediendo su administración a las ciudades que tenían voto en las Cortes (Parlamento).

En Medina del Campo tenían lugar las ferias de cambio y comercio más importantes de Castilla. La progresiva decadencia de esta actividad financiera correspondió con el desarrollo de otros centros, como Madrid.

Pero la lentitud y dificultad con que se recaudaban los impuestos contrastaba con la urgencia y abundancia de recursos financieros que demandaban los numerosos compromisos exteriores de la monarquía española. Para poder contar con suficientes cantidades en metálico por adelantado la corona acordaba préstamos (*asientos*) con los banqueros y hombres de negocios más importantes (*asentistas*), y cuando no podía devolverlos a través de los impuestos, se veía obligada a suspender las cantidades comprometidas en los presupuestos siguientes.

El abuso continuado de esta forma de crédito y los problemas derivados del sistema fiscal tradicional producían un fuerte endeudamiento, pero la corona sólo podía reconocer en sus pre-

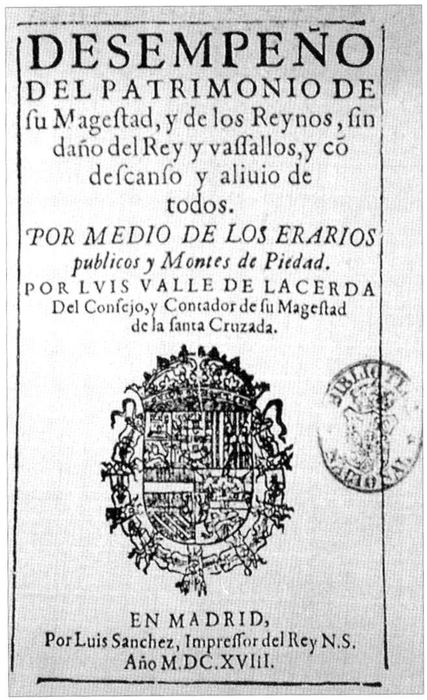

DESEMPEÑO
DEL PATRIMONIO DE
su Mageſtad, y de los Reynos, ſin
daño del Rey y vaſſallos, y cō
deſcanſo y aliuio de
todos.
POR MEDIO DE LOS ERARIOS publicos y Montes de Piedad.
POR LVIS VALLE DE LACERDA
Del Conſejo, y Contador de ſu Mageſtad
de la ſanta Cruzada.

EN MADRID,
Por Luis Sanchez, Impreſſor del Rey N.S.
Año M.DC.XVIII.

Valle de la Cerda, especialista en descifrar claves secretas, promovió en España un proyecto de erarios ideado en los Países Bajos que estudiaron en detalle y publicaron las Cortes de Castilla.

supuestos anuales una parte bastante pequeña de estas deudas, y por ello solía compensar a la mayoría de los acreedores con unos títulos de deuda pública denominados *juros*.

Para sanear las haciendas locales y rurales se suprimió la venta de jurisdicciones y bienes comunales, y durante algunos años se permitió que los precios de la harina se fijasen libremente. Sin embargo, la falta de recursos financieros y el firme propósito de no introducir nuevos impuestos manteniendo los conceptos y niveles de recaudación existentes, forzó a la corona a buscar otras soluciones con rentabilidad inmediata pero de efectos bastante perjudiciales a largo plazo, como la devaluación de la moneda de cobre, llamada *moneda de vellón*, aprobada en 1603. Semejante medida, a la que se recurriría de forma abusiva en décadas posteriores, disminuyó la capacidad adquisitiva de los súbditos, reduciendo la circulación de las monedas de mayor valor (plata y oro), encareciendo los precios de todos los productos, y haciendo más rentable y atractivo el contrabando de moneda falsa.

Durante el valimiento de Lerma se crearon varias juntas de hacienda y juntas de desempeño, cuya finalidad era sanear las finanzas reales y proporcionar el dinero necesario para afrontar los presupuestos ordinarios. A pesar del notable incremento que experimentaron las remesas de metales preciosos aportadas por las flotas de Indias a principios del siglo XVII todos los acuerdos alcanzados en 1601, 1607, 1615 y 1620 con las Cortes de Castilla para resolver el problema del endeudamiento de la corona, como condición previa para la concesión de sus impuestos, fracasaron, porque sus súbditos no podían proporcionar a tiempo las enormes cantidades de dinero que precisaba la política de la monarquía.

Se optó, en cambio, por ceder a las exigencias de sus principales acreedores, los banqueros genoveses, sobre todo a raíz de la suspensión de pagos de 1607. A partir de entonces se estableció un sistema de financiación basado en la aprobación de unos presupuestos anuales pactados entre la corona y sus *asentistas*, que asumieron la gestión del mercado de la deuda pública para recuperar sus préstamos con elevados intereses.

Aunque Lerma promovió importantes recortes presupuestarios —sobre todo en los gastos militares— para tratar de reducir el endeudamiento de la corona, aprovechando el período de paz que alcanzó la monarquía española a mediados del reinado de Felipe III, el retraso en la aplicación de tales medidas y el notable incremento de otras partidas, como los salarios de la administración, las mercedes y los gastos de la diplomacia, les restaron eficacia.

La mayor parte del arbitrismo propone un programa de regeneración social y moral que permita restaurar la pujante actividad económica mejorando la producción agraria e industrial para asegurar la conservación de la monarquía.

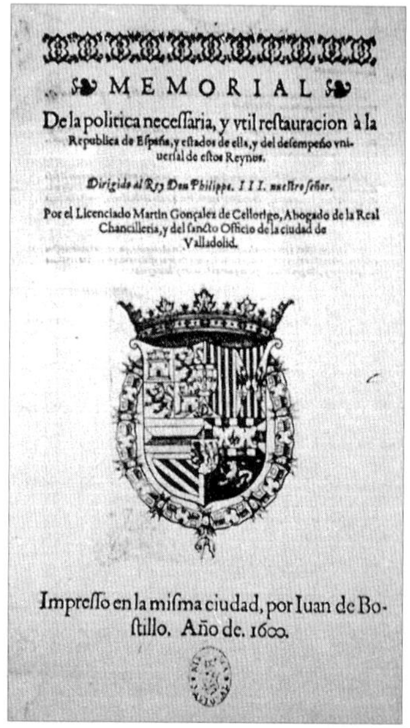

A ello habría que añadir los graves problemas derivados del fraude en la recaudación y administración de los impuestos, la corrupción o el despilfarro. La implicación directa de los colaboradores más importantes de Lerma (Franqueza y Ramírez de Prado) en la política financiera de la corona y los beneficios económicos que obtuvieron valiéndose de su posición fueron utilizados por sus adversarios para tratar de acabar con la privanza del valido mediante una serie de procesos judiciales por corrupción que tuvieron lugar entre 1606 y 1607. Pero Lerma supo librarse de esta difícil y comprometida situación respaldando personalmente tales procesos y dando a entender a la opinión pública que había sido engañado por sus hombres de confianza.

Arbitrios para resolver los males de la monarquía

El cambio de la coyuntura económica que experimentó la Península Ibérica a fines del siglo XVI y principios del XVII produjo en muchos de sus contemporáneos una sensación de decadencia que se podía apreciar en fenómenos tales como la despoblación, el encarecimiento de los precios, la reducción del poder adquisitivo, la crisis de las industrias tradicionales más prósperas en las décadas precedentes y el excesivo aumento de la presión fiscal. Para resolver o al menos paliar estos problemas, que incidían principalmente en las tierras y ciudades de Castilla, aparecieron multitud de escritos que proponían remedios de urgencia (los *arbitrios*). Aunque muchos no eran sino meros disparates, en otros encontramos valiosas reflexiones teóricas y aportaciones prácticas.

La mayoría proponían *arbitrios* de carácter fiscal para tratar de resolver los graves problemas financieros de la corona mediante el establecimiento de erarios públicos o un sistema de contribución única, así como diversas medidas para controlar las consecuencias perjudiciales de la manipulación monetaria (devaluación y resello del *vellón*, en cuyo caso se ahorraban los gastos de acuñación limitándose a grabar sobre la vieja moneda el nuevo valor que se asignaba). No obstante, algunas de las principales aportaciones de esta amplia corriente de pensamiento económico se centran en el estudio de las causas de la decadencia del sector agrario y de la producción textil castellanos, como hicieron los escritores de la denominada *escuela de Toledo*.

El *arbitrismo* se introdujo en el ámbito de la política frente a las nuevas realidades cortesanas y administrativas que estaba favoreciendo el valimiento, y presentó un modelo de gobierno ideal cuyo propósito esencial era conservar la monarquía en paz, justicia y prosperidad, criticando algunos de los vicios contemporáneos.

También prestó atención particular a los problemas que planteaban las estructuras y prejuicios sociales, proponiendo nuevos valores y soluciones prácticas para mejorar la beneficencia pública, promover y dignificar el trabajo manual o las actividades comerciales, o combatir la despoblación, la marginación y la xenofobia.

Muchas de estas propuestas fueron estudiadas y puestas en práctica por los gobiernos de Lerma y Olivares con mejor o peor fortuna. Entre sus autores cabría destacar los nombres de Pedro de Valencia, Fernández Navarrete, Cevallos, Cellórigo o Pérez de Herrera, pero a esta corriente de pensamiento español económico y social habría que añadir las aportaciones de muchos escritores extranjeros o de otros territorios de la monarquía, que propusieron *arbitrios* de carácter político y comercial para asegurar la supremacía de esta potencia sobre sus rivales más directos del norte de Europa.

REPVBLICA MISTA.
DIRIGIDA
A D. Fran^co deSandoual Duq̃ de Lerma, Marques de Denia, Cea, y Ampudia, del Consejo de Estado del Rey D. Filipe III. nuestro señor, su Cauallerizo mayor, y Sumiller de Corps, Comendador mayor de Castilla, y Alcayde perpetuo del Castillo de Burgos, y de las ca as Reales de Tordesillas, y Valladolid.
POR DON IVAN FERNANDEZ de Medrano señor de Valde Osera.
PARTE PRIMERA.
En Madrid, En la Imprenta Real. Año 1602.

Los validos fueron muy sensibles a la literatura arbitrista, que proponía soluciones prácticas para los problemas más variados. Por ello se han convertido en una fuente de enorme valor para conocer mejor la sociedad y la economía de la época.

5. La expulsión de los moriscos

Una minoría entre la asimilación y la intolerancia

Los moriscos constituían una minoría formada a raíz de la Reconquista que seguía rigiéndose en muchos aspectos por los principios de la religión musulmana, pese a su forzosa conversión al cristianismo en tiempos de los Reyes Católicos. El uso de su lengua —que los cristianos llamaban despectivamente *algarabía*—, y de sus trajes y costumbres tradicionales hacía muy difícil su asimilación por parte de la cultura cristiana española.

Las medidas, que se empezaron a aplicar de manera más sistemática y decidida tras sofocarse la Rebelión de las Alpujarras (1568-1570), comprendían la dispersión del mayor núcleo de población morisca situado en el Reino de Granada por otros territorios del interior de la Península, la creación de nuevas parroquias, seminarios y escuelas para la instrucción de los moriscos, y la prohibición y persecución inquisitorial de sus costumbres islámicas.

Los moriscos desempeñaban oficios artesanales en sectores como la producción textil, la alfarería o la manufactura del cuero; muchos eran arrieros, vendedores ambulantes y criados del servicio doméstico, pero también había expertos médicos y cirujanos, y su conocimiento de la agricultura de regadío era excelente. Constituían por ello una mano de obra muy importante, barata y trabajadora, para las tierras señoriales del Levante, donde residían las más numerosas concentraciones de población morisca.

La solución final y sus consecuencias

La radicalización de las tendencias xenófobas y el casticismo se materializaron en la implantación del principio de *limpieza de sangre* para establecer una diferenciación social entre los

En este arco para la entrada de Felipe III en Lisboa (1619), se pueden ver distintas alusiones a los éxitos del rey contra los infieles, como la captura de los puertos africanos de Larache y La Mamora, y la expulsión de los moriscos.

Embarque de los moriscos, por Vicente Carducho. El dramático y espectacular acontecimiento de la expulsión fue aplaudido y comentado por numerosos tratados y composiciones contemporáneos en los géneros más variados.

cristianos viejos y los *cristianos nuevos* o *conversos*, privando a éstos de la posibilidad de detentar cargos públicos y gozar de otros privilegios. Esta tendencia, que se consolidó a lo largo de la segunda mitad del siglo XVI, se vio reforzada por los conflictos religiosos que enfrentaron al monarca español, como principal defensor de la Iglesia Católica, con el Islam otomano-berberisco y los protestantes del norte de Europa.

En este contexto y bajo la presión que ejercía la piratería norteafricana sobre las costas mediterráneas, se empezó a estudiar una solución definitiva para acabar no sólo con la presencia de una minoría islámica poco asimilada en el territorio de la monarquía, sino también con lo que se consideraba un aliado interno de los infieles y otras potencias enemigas, y con una de las bases logísticas del bandolerismo y la piratería. Entre las medidas propuestas en tiempos de Felipe II para resolver esta cuestión de Estado se llegó a hablar de exterminio y deportación, pero los intereses de la nobleza señorial del Levante y la necesidad de buscar una coyuntura política más favorable y segura, obligaron a posponer su ejecución.

El mismo día en que se firmó la Tregua con Holanda en abril de 1609, Felipe III ordenó el inicio de una impresionante deportación masiva y escalonada de la población morisca, comenzando por el Reino de Valencia y prosiguiendo con los asentamientos de la Corona de Aragón, Castilla y Murcia, a través de una serie de rutas y puertos de salida fuertemente vigilados.

Una decisión tan drástica y costosa sólo puede explicarse por el fracaso de los últimos proyectos de asimilación emprendidos en la década de 1590, la presión favorable de un importante grupo de cortesanos y consejeros que contaba con el respaldo de la propia reina Margarita de Austria, la debilidad momentánea de Lerma tras los procesos contra sus privados, el cese de los principales conflictos armados en el exterior y la concesión de los bienes raíces de los vasallos moriscos a sus señores.

Se ha estimado que el número de moriscos expulsados podría superar los 270.000. Aunque la mayoría fueron deportados al norte de África, algunos grupos se establecieron en el sur de Francia, Italia y otros puntos del Mediterráneo, incluyendo diversas zonas de Anatolia facilitadas por el Imperio Otomano. Muchos regresaron a la Península limitando los efectos de una solución que se consideraba definitiva y otros grupos, sobre todo en Cataluña, contaron con la protección de las autoridades eclesiásticas, que defendieron la autenticidad de su conversión para no verse privadas de esta diligente y provechosa mano de obra.

Las consecuencias económicas más negativas de la expulsión incidieron sobre todo en la producción agrícola de regadío y la sedería agravando los problemas de la despoblación. Pero, indirectamente, incidieron en todos los sectores que percibían rentas, hipotecas y derechos de estas explotaciones o que habían invertido en ellas mediante los denominados *censales*, lo cual apenas pudo resarcirse con la venta en subasta de los bienes raíces de los moriscos, autorizada por la corona.

LA EXPULSIÓN DE LOS MORISCOS EN CIFRAS

	Población total		Población morisca	
	Habitantes	% (1)	Expulsados	% (2)
Corona de Castilla	**5.598.000**	**1,61**	**90.142**	**33,12**
Castilla y Extremadura	2.850.000	1,56	44.625	16,40
Andalucía	1.067.000	2,99	31.965	11,74
Murcia	115.000	11,78	13.552	4,98
Corona de Aragón	**1.121.000**	**16,23**	**181.998**	**66,88**
Aragón	322.000	18,85	60.818	22,35
Cataluña	364.000	1,02	3.716	1,37
Valencia	435.000	26,77	117.464	43,16
Total España	**6.719.000**	**4,05**	**272.140**	**100,00**

(1) Porcentaje de moriscos expulsados respecto a la población total de España a principios del siglo XVII.
(2) Porcentaje de expulsados respecto al total de moriscos españoles.

Valoración cuantitativa de la expulsión de los moriscos españoles (1609-1614; por Jordi Nadal).

6. El ministro de la paz

Una nueva Pax Hispánica

El desgaste producido por los conflictos armados simultáneos que mantenía la monarquía española con Francia, Inglaterra y las Provincias Unidas desde mediados de la década de 1580, y la alarmante crisis económica y demográfica que padecían amplias regiones de la Península Ibérica a fines del XVI contribuyeron a infundir entre gran parte de la administración y la opinión pública la convicción de que era necesario poner fin a esta situación procurando conseguir acuerdos de paz duraderos que permitiesen restaurar las fuerzas y recursos de la monarquía.

Desde los comienzos de su privanza el Duque de Lerma se implicó activamente en la dirección de la acción exterior de la monarquía, liderando su diplomacia en la corte y siguiendo de cerca los principales acontecimientos políticos y militares del momento para asesorar al rey personalmente. Con la celebración de los dobles matrimonios de Felipe III y Margarita de Austria, y los Archiduques Alberto e Isabel Clara Eugenia se inauguró una política de pacificación general que acabaría instaurando una nueva *Pax Hispánica* entre la monarquía española y las demás potencias europeas.

La ratificación de la Paz de Vervins con Francia en 1598 supuso el fin de la intervención española en las guerras civiles francesas y la cesión temporal de los Países Bajos a los Archiduques, que se consideraba el primer paso para una solución definitiva de la larga y costosa Guerra de Flandes. La Paz de Londres en 1604, sólo lograda tras la muerte de la reina Isabel I, del envío de varias armadas como la Invencible de 1588 y del fallido desembarco español en Irlanda (1601), acabó con uno de los conflictos más gravosos que soportaba la monarquía, privando a los rebeldes de las Provincias Unidas de su principal aliado naval. Además se redobló el esfuerzo bélico y financiero del Ejército español de Flandes poniéndolo bajo el mando de Ambrosio Espínola, un banquero genovés con excelentes dotes de mando y organización. Sus victorias forzaron

El Duque de Lerma como Capitán General de la Caballería de España (por Rubens), máximo cargo militar de la monarquía por debajo del rey, pero de carácter más bien honorífico.

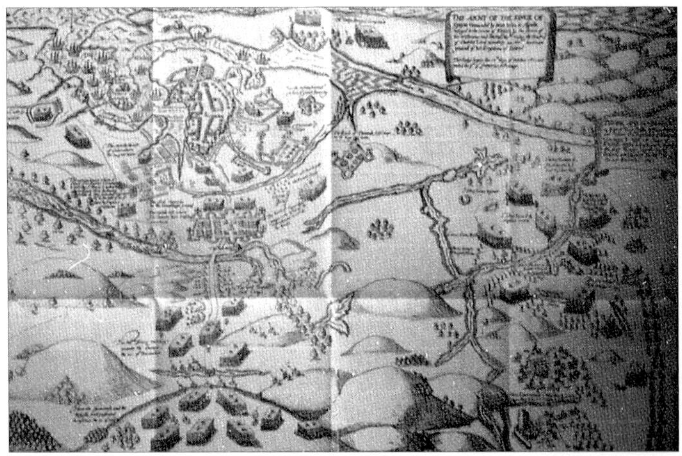

Plano del sitio de Kinsale por los ingleses, donde habían desembarcado tropas españolas para apoyar la sublevación de los católicos de Irlanda (1601).

La negociación de la Paz de Londres (1604) en Somerset House: a la derecha los delegados ingleses, y a la izquierda los de España y los Países Bajos.

un alto el fuego y la posterior firma de la Tregua de los Doce Años con Holanda en 1609. Este proceso de pacificación se completó en 1612 con el acuerdo de una doble alianza matrimonial establecida con Francia, y celebrada en 1615 entre el príncipe Felipe (IV) e Isabel de Borbón, y entre la infanta primogénita española Ana Mauricia y el futuro rey de Francia Luis XIII.

Lerma supo aprovechar estos éxitos, que contribuyeron a conservar su privanza frente a otros cortesanos y ministros mejor preparados para destacar en los hechos de armas, inculcando en el soberano la idea de erigirse como rey prudente y *pacífico* que sabía recurrir a la guerra sólo en caso de extrema necesidad y plena justificación, y que velaba por el mantenimiento de la paz en la Cristiandad; proceso que se vio favorecido por el desgaste que mostraban todos los contendientes y los cambios de gobierno que implicaron la llegada al poder de hombres más decididos a apoyar el cese de hostilidades para mejor atender a los problemas económicos y políticos internos.

La política de conservación y sus desafíos

El objetivo primordial de este proceso de pacificación era la conservación de la propia monarquía en los vastos límites que había adquirido tras la incorporación de la Corona de Portugal en 1580. Las paces permitirían practicar una política de equilibrio en el continente europeo liderada por la voluntad rectora de la monarquía española y basada en un principio de respeto a las demás potencias. También requerirían una adaptación de sus efectivos militares de acuerdo con las nuevas necesidades defensivas, aliviando en parte los presupuestos financieros de la monarquía.

Para hacer posible el mantenimiento del nuevo orden, Felipe III y Lerma se valieron de una extraordinaria serie de brillantes y sagaces diplomáticos españoles, entre quienes cabría destacar a Baltasar de Zúñiga, Bédmar o Gondomar. Su actividad, respaldada por un fuerte aumento de los presupuestos de las embajadas, permitió crear en sus destinos grupos influyentes afines a los intereses de la monarquía, y sustentar tanto los gastos de representación, como una intensa correspondencia y un diligente servicio de espionaje que contaba con una amplia red de espías, observadores y confidentes. De hecho, ésta época se considera como la edad de oro de la diplomacia española.

Cuadro alegórico de los Pescadores de almas *(por Van der Venne) en alusión a los problemas de tolerancia religiosa que la Tregua de los Doce Años dejó sin resolver.*

El cese de los conflictos bélicos en el norte brindó la posibilidad de dedicar mayores recursos a la defensa de la Península, asegurando mejor sus costas y la llegada de las Flotas de Indias frente a la amenaza de la piratería. Además se desarrolló una política de hostigamiento sobre sus bases en el norte de África, apoderándose de los puertos de Larache y La Mamora y creando una escuadra naval específica para encargarse de la vigilancia del Estrecho de Gibraltar.

Uno de los proyectos promovidos con más interés por el Duque de Lerma dentro de esta política de seguridad meridional fue la conquista de Argel, pero todos los ataques por sorpresa (1601, 1602, 1608) se frustraron antes de llegar a materializarse. El valido ambicionaba conseguir una victoria sonada sobre esta importante plaza estratégica, en la que habían fracasado los monarcas españoles desde tiempos de Carlos V, para reforzar su posición en la corte ante sus adversarios políticos. Por ello, la última gran empresa militar de este *ministro de la paz* —como le titularon sus apologistas— consistió, a partir de 1617, en la preparación de una Jornada Real contra Argel, pero el proyecto fue definitivamente cancelado con la intervención española en Bohemia para asegurar la continuidad de la Casa de Austria en el Imperio, en lo que sería el inicio de la Guerra de los Treinta Años.

Los éxitos alcanzados con las paces tuvieron que hacer frente a importantes desafíos que amenazaban con minar la política de equilibrio promovida por Lerma. Aunque la sucesión de los ducados renanos que lindaban con los Países Bajos estuvo a punto de provocar la reanudación de la guerra en Flandes, comprometiendo la estabilidad religiosa entre los protestantes y católicos del Imperio Alemán con una escalada militar en la que se hubiera visto involucrada la Francia de Enrique IV, el asesinato de este último por un fanático francés, las intensas mediaciones diplomáticas y una firme posición de fuerza del Ejército español evitaron el estallido de una nueva contienda.

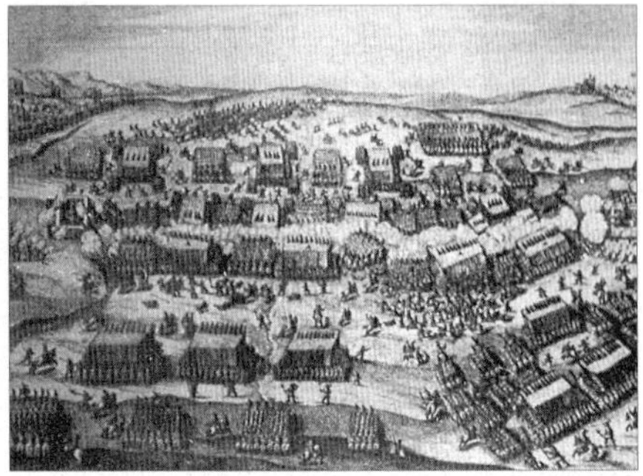

La batalla de la Montaña Blanca (Bohemia) supuso la primera victoria de los Austrias en la Guerra de los Treinta Años, y restauró al emperador Fernando II en la corte imperial.

Plano del sitio de Asti (Piamonte - Italia), donde tuvo lugar el principal episodio de la Guerra de Monferrato contra Saboya.

Sin embargo, los desafíos más preocupantes para el orden internacional y el prestigio de la monarquía se produjeron en Italia, donde los príncipes y repúblicas independientes trataron de limitar el dominio español favoreciendo una nueva penetración de la influencia francesa. Estableciendo alianzas con Venecia, Saboya y los cantones suizos protestantes, Enrique IV procuró dificultar las comunicaciones militares terrestres entre Milán y los Países Bajos meridionales, que discurrían a través de lo que se denominaba el *Camino Español* por el valle de la Valtellina, el Tirol, Baviera y los estados eclesiásticos renanos. Además la diplomacia francesa logró recuperar una amplia representación en la curia cardenalicia y su papel tradicional de mediadora en los conflictos italianos, como el que enfrentó a la República de Venecia y al Papa Paulo V por cuestiones jurisdiccionales en 1605-1607, o el de la Guerra de sucesión del Monferrato en 1613-1615.

La respuesta española a semejantes desafíos combinó el empleo limitado de la fuerza o la amenaza de una intervención militar con la ocupación y construcción de plazas estratégicas para reforzar sus estados, valiéndose de su rico patronazgo y su dinero para mantener su influencia política, y articulando una poderosa diplomacia para aislar los conflictos y mejorar las condiciones de negociación. Así se reinstauró la paz en Italia a costa de un equilibrio entre las dos grandes potencias que se dejó sentir en la toda la política europea.

7. La lucha por la privanza y el ascenso de Olivares

La retirada del Cardenal-Duque

La influencia en la corte del valido empezó a debilitarse cuando se vio privado de sus más directos colaboradores en 1607. La facción única de los Sandovales y sus aliados se fue disgregando en varios grupos gracias a los poderes más independientes que detentaban algunos de sus miembros. La propia reina Margarita se enfrentó con mayor decisión al control que ejercía el Duque de Lerma en el palacio y, aunque el rey reconoció su valimiento con el decreto de delegación de firma de 1612, también quiso compartir su privanza con otros personajes y familiares, entre los que destacaban el Duque de Uceda —primogénito de Lerma—, el confesor real fray Luis de Aliaga o el príncipe Filiberto de Saboya.

A esta progresiva pérdida de poder, se sumó el descontento que generaba su política de paz, pues supuso el implícito reconocimiento de las Provincias Unidas como estado soberano al firmarse la Tregua y la admisión del arbitraje francés en la Paz de Asti (1615) para poner fin a la Guerra del Monferrato. El éxito de Lerma en el concierto de los matrimonios con Francia había asegurado temporalmente la neutralidad de esta potencia a costa de los intereses dinásticos de la Casa de Austria.

Consciente de su debilidad política, que ya se apreciaba en el control del patronazgo y el personal de los consejos, Lerma utilizó su influencia en Roma para convertirse en cardenal en 1618 y beneficiarse de la inmunidad de la jurisdicción eclesiástica. Esta decisión, que representaba una salida honrosa para su valimiento, propició un nuevo distanciamiento en su amistad con el rey. Sus adversarios consiguieron impedir que el anciano valido fuese nombrado Arzobispo de Toledo, favoreciendo en su lugar al Cardenal-Infante Don Fernando. De esta forma, evitaron que llegase a detentar el cargo más importante, rico e influyente de la Iglesia española.

Para tratar de recuperar su posición Lerma propició el ascenso de su brillante y experimentado sobrino, el Conde de Lemos, a quien quería convertir en su sucesor político en el valimiento, y logró incorporarse al servicio personal del futuro Felipe (IV) obteniendo ahora el cargo de ayo del príncipe. Pero estas iniciativas fueron contrarrestadas por sus adversarios en la corte y en los consejos, hasta que el día de San Francisco de 1618, en El Escorial, el rey le invitó a retirarse de la corte a sus tierras, pocos días después de despedir también a su sobrino.

Entre las letrillas satíricas propagadas por los adversarios y críticos del Cardenal-Duque de Lerma a su caída se popularizó mucho l a del Conde de Villamediana: «El mayor ladrón del mundo/ se vistió de colorado/ por no morir ahorcado».

El Cardenal-Infante Don Fernando, hermano de Felipe IV, fue elegido Arzobispo de Toledo para obstaculizar la promoción de Lerma a este cargo, pese a sus magníficas dotes para el gobierno y la guerra.

Los herederos del poder y la condena de un régimen

Tras la caída de Lerma, su hijo Cristóbal Gómez de Sandoval, I Duque de Uceda, heredó con el apoyo del confesor Aliaga el *manejo de los papeles*, la distribución de mercedes y el uso de la llave dorada con los cargos cortesanos que detentaba el valido, pero Felipe III decidió asumir personalmente las tareas de gobierno y retirar además la delegación de firma.

Uceda no quiso acceder al Consejo de Estado, y desde su regreso a España la experiencia política del embajador Baltasar de Zúñiga, que era tío del Conde de Olivares y partidario de una política exterior de prestigio y un nuevo rearme militar, le convirtió en su líder verdadero. Así bajo su amparo, las familias de los Guzmanes y los Zúñigas empezaron a ganar posiciones en la corte y en la administración frente a los Sandovales.

La disputa por la privanza de estas facciones rivales se decidió a favor de los Guzmanes cuando el deterioro de la salud del rey a su regreso de un viaje a Portugal acabó con su vida pocos meses después (1621), heredando el trono el príncipe Felipe, en cuyo servicio ya era notoria su amistad con el III Conde de Olivares, Don Gaspar de Guzmán y Pimentel.

Con el cambio de reinado, se emprendieron diversos procesos judiciales contra los privados anteriores y sus hombres de confianza, para reemplazarlos por partidarios de los nuevos grupos que detentaban el poder. Esta persecución política contra el régimen anterior, presentada como una campaña de *manos limpias* contra la corrupción, el despilfarro y el cohecho, fue, en realidad, un juicio político contra los perjuicios del valimiento, aprovechando el deseo generalizado de reformas que propició la decadencia de este modelo de privanza y el ascenso de un nuevo rey.

Rodrigo Calderón, verdadero privado de Lerma en sus últimos años de gobierno, fue encerrado en prisión, sometido a tortura y ajusticiado en la horca en la Plaza Mayor de Madrid a

Dibujo de Rodrigo Calderón el día de su ejecución pública en la Plaza Mayor de Madrid, en octubre de 1621; su cuerpo momificado se puede contemplar actualmente en el Convento Porta Coelli de Valladolid.

La Colegiata de San Pedro (Lerma-Burgos) cuenta con dos magníficos órganos gemelos. La música de órgano y la pintura eran las mayores aficiones del Cardenal-Duque.

Don Baltasar de Zúñiga, tío del Conde Duque de Olivares, fue uno de los más brillantes diplomáticos europeos del siglo XVII, y conoció profundamente los entresijos de las cortes de Bruselas, París, Praga (Imperio Alemán) y Madrid.

comienzos del reinado de Felipe IV, sin que llegara a probarse ninguno de los delitos más graves que justificaban semejante condena. Al confesor Aliaga se le concedió un obispado alejado de la corte. Al Duque de Uceda se le condenó con el exilio por haber practicado el valimiento. Se embargaron todos los bienes y rentas del Cardenal-Duque, a raíz de una causa judicial promovida para averiguar el origen de su riqueza y la licitud de la enorme cantidad de mercedes que había recibido durante su privanza, y se le ordenó restringir sus desplazamientos, limitándolos a sus posesiones de Burgos y Valladolid. Las mediaciones que utilizó para regresar a la corte fueron infructuosas, y su salud fue empeorando progresivamente con recaídas muy graves. Abatido, se quejaba al Papa en estos términos: «yo estoy destruydo... en reputación, en salud y en hazienda sin hazerse caso de mi dignidad y sacerdocio», hasta que, finalmente, murió en mayo de 1625 en Valladolid, donde yace enterrado en su capilla de la bella Iglesia de San Pablo. Pocos meses antes de morir, en una de sus últimas cartas al Papa, escribió: «he despedido la vejez y la memoria y pena de los trabajos que Dios me dió».

Adversa y próspera fortuna de un segundón

El día de Reyes de 1587 nació en la embajada española en Roma el tercer hijo varón del Conde de Olivares, que dirigía por entonces la representación de la monarquía ante la Santa Sede. Su familia, de origen andaluz, pertenecía a una rama colateral de la Casa Ducal de Medina Sidonia, y su padre, Enrique de Guzmán, que llegó a ser conocido con el apodo del *Gran Papelista* por los numerosos y utilísimos memoriales, discursos, instrucciones y cartas que dejó escritos sobre las más variadas materias de gobierno, desempeñó a lo largo de las dos últimas décadas del siglo XVI los importantes cargos de embajador en Roma, y virrey en Sicilia y Nápoles. Esta larga experiencia política y el favor de algunos de sus parientes en la corte le valieron su nombramiento para el Consejo de Estado, al que se incorporó en 1601, trayéndose consigo a su familia.

Como era habitual entre los hijos segundones, durante su estancia en Italia los estudios del joven Gaspar de Guzmán se encaminaron hacia la carrera eclesiástica; por ello, poco después de arribar a la corte española, se le envió a la Universidad de Salamanca (donde fue elegido rector en 1603) para cursar estudios superiores de derecho. Sin embargo, la muerte de su hermano mayor en 1604 le convirtió en el principal heredero de la familia, y la de su padre tres años después en III Conde de Olivares. Aquel mismo año de 1607 contrajo matrimonio con su prima Inés de Zúñiga y Velasco estrechando los múltiples lazos familiares que ya unían a Guzmanes y Zúñigas y mejorando en parte su situación financiera.

Don Enrique de Guzmán, apodado el Gran papelista, *brindó a su hijo, el Conde Duque de Olivares, un excelente modelo de trabajo y comprensión de la monarquía.*

La mujer de Olivares, Doña Inés de Zúñiga y Velasco, se convirtió en uno de los más firmes apoyos de su labor en la corte y en su trabajo, a pesar de que no le pudo dar el heredero que ansiaba.

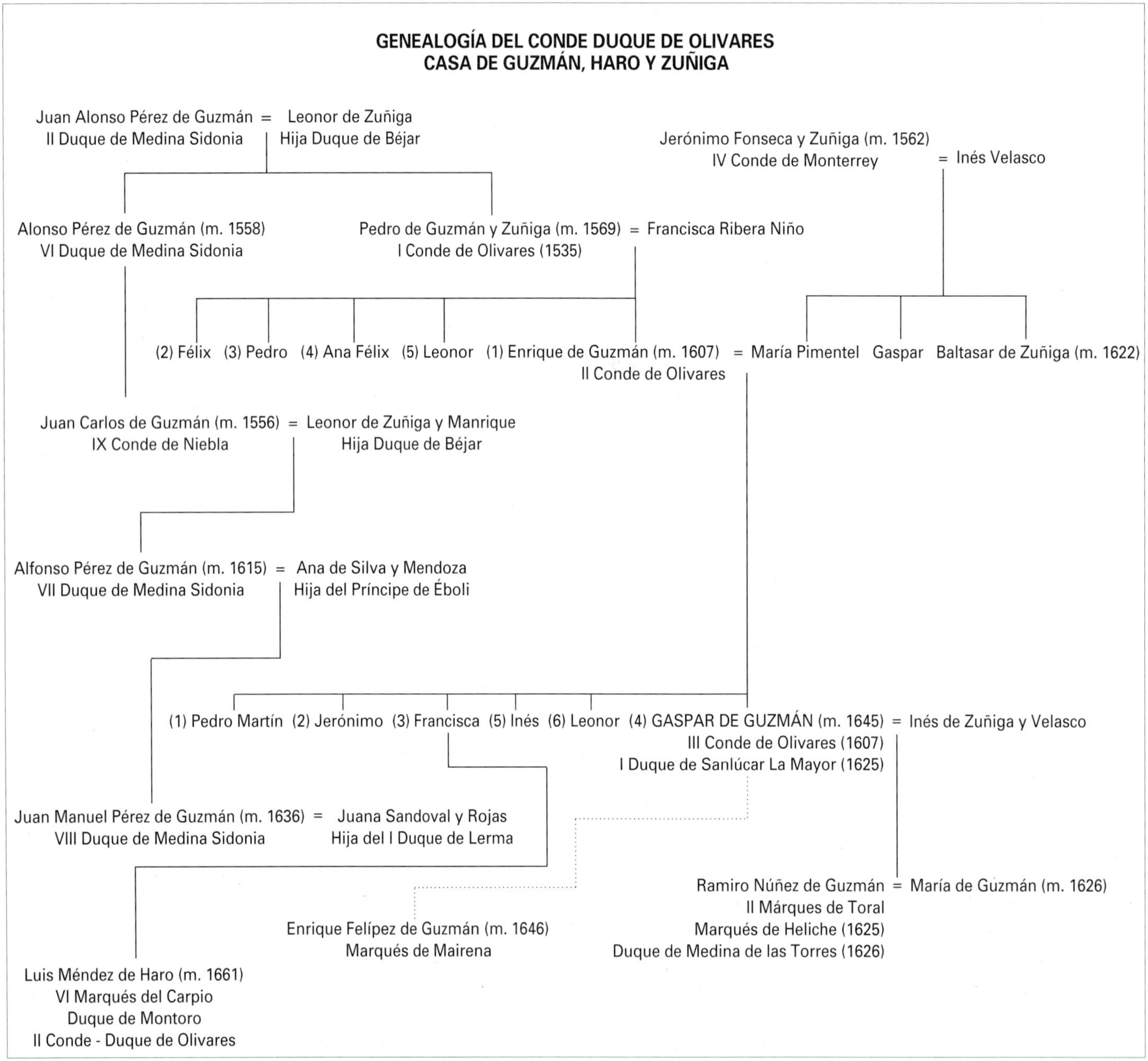

Árbol genealógico del Conde Duque de Olivares y las Casas de Guzmán, Haro y Zúñiga.

Retrato de Felipe IV (por Velázquez) en los primeros años de su reinado. La retórica y la política de su valido supo convertirle en Felipe el Grande, el Rey Planeta.

Desarrollando una brillante carrera política, su padre se había propuesto conseguir para esta rama secundaria de los Guzmanes una posición económica y un reconocimiento público que superase al de la rama principal de los Duques de Medina Sidonia, pues hasta entonces habían fracasado todas las apelaciones judiciales realizadas por el I Conde de Olivares sobre sus derechos al título ducal. Pero el dominio de los Sandovales en la corte durante la privanza de Lerma había marginado del poder a don Enrique de Guzmán, truncando sus expectativas y desperdiciando su valiosa experiencia.

Para poder asumir esta política de engrandecimiento de su linaje, Gaspar de Guzmán prefirió retirarse a sus estados andaluces ahorrándose los cuantiosos gastos que suponía la vida en la corte y centrando sus esfuerzos en consolidar su influencia en la poderosa metrópolis sevillana. Una vez allí empezó a formar su célebre biblioteca, y creó un estrecho círculo de relaciones con escritores y potentados.

Su oportunidad llegó en 1615, cuando la amistad con el Duque de Uceda le reportó el oficio de gentilhombre de Cámara entre las personas que prestarían servicio al joven príncipe Felipe (IV). Poco a poco logró sacar partido de la división interna de los Sandovales, amparado en el nuevo liderazgo de su tío Baltasar de Zúñiga en el Consejo de Estado. Con regalos y mucha constancia supo ganarse el interés y la amistad del príncipe, sin que Lerma y Uceda procurasen evitarlo, porque no sospechaban que el empeoramiento de la salud del rey les desalojaría del poder en apenas cuatro años.

A comienzos del reinado de Felipe IV, Olivares compartió la privanza del soberano con su tío Baltasar, hasta su muerte en el otoño de 1622. En seguida alcanzó el rango de *Grande de España* (1621), tan ansiado por sus antepasados, siendo nombrado consejero de Estado, sumiller de corps y caballerizo mayor del rey, y acaparando cargos y mercedes para sí y sus parientes de las casas de Guzmán, Haro y Zúñiga. Así se convirtió en el *primer ministro* del monarca español, rechazando presentarse como un nuevo *valido*, pero ejerciendo en la práctica una forma de gobierno personal y un control del patronazgo propios del valimiento. Procuró guardar las apariencias atribuyendo la enorme cantidad de mercedes que recibía (entre las que destaca la concesión del título ducal de Sanlúcar la Mayor en 1625), a los servicios prestados, y no al favor que le brindaba su amistad con el rey. Siempre se esforzó por afianzar la imagen pública del soberano y la institución monárquica, como se puede apreciar por ejemplo en la construcción y decoración del nuevo Palacio Real del Buen Retiro. Además, el fallecimiento de su única hija, María de Guzmán, en 1626, le privó de un heredero directo y, aunque legitimó mucho tiempo después a su hijo natural, Enrique Felípez de Guzmán, estas circunstancias le llevaron a concentrar sus intereses personales en el servicio al rey y en la promoción de su sobrino Luis Méndez de Haro. Además buena parte de las mercedes y oficios obtenidos por el Conde-Duque se concentraron en Sevilla y sus alrededores, de acuerdo con su propósito de rivalizar con el poder de los Duques de Medina Sidonia en Andalucía occidental.

Su formación en Italia junto a su padre y sus estudios universitarios inculcaron en él el gusto por la lectura, el conocimiento de la monarquía y el infatigable trabajo con los papeles. Su actividad constante en el despacho de los negocios con el rey y sus secretarios en jornadas maratonianas, y su omnipresencia en las reuniones del Consejo de Estado, caracterizaron la mayor parte de sus años de valimiento. Sus intervenciones en los consejos o en las Cortes empleaban una retórica muy barroca, con múltiples circunloquios y digresiones. A diferencia de Lerma, que prefería negociar de palabra y escribir poco sobre sus opiniones y valoraciones personales, el Conde Duque de Olivares recurría con frecuencia a memoriales y discursos escritos para expresar al rey o públicamente sus ideas, argumentándolas por extenso.

8. Los proyectos de reforma de la monarquía

La regeneración de Castilla y la reforma fiscal

La moderación excesiva de las reformas aplicadas durante el valimiento de Lerma para resolver los problemas económicos y fiscales de la Corona de Castilla, que soportaba el mayor peso de la financiación de la monarquía española, apenas reportó cambios significativos en su situación. Tampoco cumplieron con las expectativas previstas la Junta de Reformación general creada en 1618 y la elaboración de una consulta específica por el Consejo de Castilla (1619) en respuesta a las demandas de amplios sectores de la sociedad castellana, en la que se recomendaba la repoblación de las tierras desocupadas y la reducción del excesivo número de fundaciones religiosas, una limitación en la concesión de mercedes del patrimonio real, y un sistema fiscal menos gravoso y más equitativo entre los diversos reinos de la monarquía.

El ascenso al poder de Zúñiga y Olivares les permitió emprender una rigurosa persecución política de los privados de Felipe III, dentro de una campaña de reforma general de las costumbres a la que debería añadirse una profunda transformación del sistema fiscal vigente. La encargada de dirigir este proceso de regeneración de la sociedad y la economía castellanas sería la Junta Grande de Reformación creada en 1622, entre cuyas propuestas se encontraban: la lucha contra el cohecho y la corrupción de los oficiales públicos, la reducción del excesivo número de cargos municipales, la promulgación de leyes suntuarias muy estrictas sobre la forma de vestir y el uso de transportes, la clausura de burdeles y casas de juego, la limitación de las importaciones de manufacturas extranjeras y el fomento de la repoblación interior. Pero los intereses creados, y la falta de medios y de colaboración, frustraron la mayoría de estas iniciativas, que apenas se plasmarían en la abolición del uso de la gorguera de encaje.

El libro titulado Conservación de Monarquías, *de* Fernández de Navarrete *es uno de los que mejor representan el proceso reformista.*

Los juristas y letrados de los consejos, formados en las universidades españolas, protagonizaron la corriente de reformas sociales, económicas y morales a principios de la década de 1620. En la imagen, Diego Corral de Arellano, autor de la Consulta al Consejo de Castilla, *de 1619, pintado por Velázquez.*

Mucho más acuciante era la necesidad de emprender una reforma fiscal que aliviase la pesada contribución castellana al esfuerzo común de la política de la monarquía y mejorase la situación de los sectores productivos ampliando la participación de los grupos privilegiados en la financiación de la hacienda real. Los planes de Olivares comprendían la implantación de un nuevo sistema bancario nacional mediante la creación de *erarios* y *montes de piedad* públicos por todo el territorio, para acabar con la dependencia del crédito extranjero, favoreciendo el ahorro y suprimiendo la contribución fiscal de los *millones*, que gravaba el consumo de artículos esenciales con una recaudación cada vez más lenta y costosa. Pero aunque las Cortes de Castilla se mostraban también partidarias de esta política, no se llegó a alcanzar un acuerdo respecto a la forma en que debían instaurarse y quién debía arriesgar el importante capital inicial necesario.

Olivares supo valerse de pinturas y grabados para crear una imagen positiva de su servicio al rey y a la monarquía. En esta ilustración de Rubens le vemos rodeado de los atributos de la sabiduría, el valor y el buen gobierno.

El fracaso de este proyecto y la dinámica de las guerras en que intervino la monarquía desde principios de los años veinte no sólo determinaron un aumento de la recaudación anual de los *millones* y otros impuestos tradicionales, sino también el recurso masivo a la acuñación de moneda de vellón y la creación de nuevas formas de contribución, sobre todo a lo largo de la década siguiente, como el pago de la media anata (equivalente a la mitad de los ingresos del primer año) al incorporarse a un oficio o recibir un nombramiento, la petición de préstamos forzosos y donativos *voluntarios*, o el llamado impuesto de *lanzas* para que los grandes nobles contribuyeran al mantenimiento de compañías de jinetes armados. Este tipo de medidas, que atentaban contra los privilegios fiscales de la alta nobleza, y el excluyente dirigismo de Olivares liderando el poder con un grupo cortesano que se atribuía el *partido del rey* avivaron el enfrentamiento con los *Grandes*.

Otra de las polémicas medidas promovidas por el Conde Duque fue la parcial sustitución del crédito genovés por la financiación que podían proporcionar hombres de negocios portugueses de origen judío asentados en diversos territorios de la monarquía, sobre todo a partir de la suspensión general de pagos decretada en 1627. La intolerancia religiosa general frente a la promoción de estos judeoconversos en la corte contribuyeron a engrosar las filas de los descontentos y enemistados con el régimen.

La Unión de Armas

El principal proyecto de reforma de la monarquía promovido por el Conde Duque de Olivares fue el que presentó al rey en 1624. En un memorial secreto, argumentaba la necesi-

Sevilla, una de las más pujantes capitales comerciales del mundo, fue el centro de las aspiraciones patrimoniales de Olivares. En este libro le vemos representado como Atlas y como Hércules sosteniendo el globo terrestre.

dad de proceder a una castellanización de los diversos reinos de la monarquía, de manera que se pudiese establecer una misma ley y un mismo sistema contributivo suprimiendo los privilegios diferenciadores. Esta unidad de los reinos encaminada al objetivo común de la conservación y defensa de la monarquía frente a las alianzas de otras potencias, implicaría más frecuentes visitas del rey a todas sus provincias y un aumento de la representación de sus naturales en los cargos de responsabilidad.

Para estrechar los lazos de relación entre los reinos y fomentar la idea de pertenencia a un mismo colectivo por encima de las realidades provinciales, el valido de Felipe IV proponía un sistema de cooperación militar que permitiría solucionar a la vez los crecientes problemas de financiación y reclutamiento de los ejércitos españoles. Olivares bautizó a este proyecto como la *Unión de Armas*, pues consistía en la creación de una reserva conjunta formada por 140.000 hombres. Su aportación y mantenimiento se distribuiría de acuerdo con la siguiente proporción: Cataluña, 16.000; Aragón, 10.000; Valencia, 6.000; Castilla y las Indias, 44.000; Portugal, 16.000; Nápoles, 16.000; Sicilia, 6.000; Milán, 8.000; Flandes, 12.000; y las Islas del Mediterráneo y el Atlántico, 6.000. Aunque las cifras eran excesivas para la mayoría de los reinos, sólo deberían aportar la séptima parte de la reserva (una infantería de 20.000 hombres y una caballería de 4.000) de forma inmediata en caso de producirse un ataque contra cualquier reino de la monarquía.

La implantación de este nuevo modelo de defensa común suponía la supresión de muchos de los privilegios de reinos como los de la Corona de Aragón, que prohibían el reclutamiento de tropas para combatir fuera de su territorio; por ello, a la resistencia a un aumento de su contribución fiscal, se sumó la defensa de sus constituciones forales.

De hecho, la *Unión de Armas* no logró ninguno de sus principales objetivos de reforma, y aunque llegó a introducirse parcialmente en algunos reinos, su imposición se cobró un alto precio político y sus aportaciones fueron absorbidas de inmediato por las constantes demandas de los múltiples frentes bélicos en que luchaba la monarquía. Aun así, Olivares continuó combinando su política interior de reformas con una política exterior beligerante y de prestigio. Entre sus iniciativas posteriores, además de las medidas encaminadas a fomentar la actividad industrial y mercantil, cabría destacar la fundación de los Estudios Reales en el Colegio Imperial de Madrid en 1625, cuya finalidad era la formación de los hijos de la nobleza española en el servicio de la corona para paliar lo que él denunciaba como la *falta de cabezas*, es decir, la escasez de hombres capacitados para el mando y las tareas de gobierno. Sus planes de estudios, impartidos por los jesuitas, comprendían además de la tradicional

El rey, Felipe IV (por Velázquez), constituía el principal vínculo en que debía asentarse la unión de los reinos propugnada por Olivares.

enseñanza de las disciplinas liberales una instrucción práctica en matemáticas, ciencias y el arte de la guerra.

Haciéndose eco del prolífico pensamiento arbitrista contemporáneo, el innovador reformismo de Olivares pretendía básicamente la transformación y modernización de la sociedad, la mentalidad y la economía españolas de acuerdo con los principios de solidaridad, equidad y autosuficiencia de recursos, aspirando así a consolidar la estructura y coherencia internas de la monarquía para responder eficazmente a sus ineludibles compromisos exteriores.

9. El ministro de la reputación y de la guerra

Una política de prestigio

Olivares (por Velázquez) empuñando el bastón de mando como Capitán General de la Caballería, en su victoria sobre el ejército francés que asediaba Fuenterrabía.

La política de recortes en los gastos militares y el proceso de pacificación promovidos durante el valimiento de Lerma crearon el descontento no sólo entre los consejeros de Estado y Guerra, sino también entre muchos embajadores y gobernadores españoles, porque lo consideraban una muestra de debilidad de la monarquía que comprometía su prestigio exterior y su seguridad. Estos partidarios de la *reputación* se alinearon en la oposición al régimen a raíz de acontecimientos como el reconocimiento de las Provincias Unidas rebeldes que implicaba la firma de la Tregua de los Doce Años en 1609, el trato de igualdad con el monarca español dado al Duque de Saboya y las concesiones hechas al agresor en la primera Paz de Asti de 1615, así como el avance de la diplomacia francesa en los asuntos italianos.

La propia dinámica de la política internacional europea, que evolucionó desde un breve paréntesis caracterizado por la búsqueda común de un equilibrio consensuado a un período prebélico que presagiaba el estallido de un conflicto general, dio argumentos a los *reputacionistas* para exigir un nuevo rearme naval y terrestre de la monarquía española. Hombres de estado

Representación alegórica de la Tregua de los Doce Años entre España y Holanda, bajo el arbitraje del rey de Francia, Enrique IV, y ante la mirada de las demás naciones europeas.

como Baltasar de Zúñiga, Oñate, Villafranca, Osuna, Benavente, Feria y Bédmar protagonizaron la transformación de un modelo político basado en la conservación de la paz y el equilibrio entre las potencias europeas, por otro que trataba de mantener la preeminencia dinástica de los Austrias en el Imperio Alemán y en un orden continental regido por el prestigio de la monarquía frente a las amenazas del protestantismo o los musulmanes, el acoso de la piratería mediterránea y oceánica, y la creciente pujanza económica de las potencias comerciales del norte de Europa.

Este proceso de rearme general se inició poco después de celebrarse los dobles matrimonios con Francia en 1615, el mismo año en que se creó la Casa del príncipe para su servicio personal, al que se incorporó el Conde de Olivares. La guerra del Monferrato hasta la Paz de París de 1617, la intervención española en Bohemia y el Palatinado dentro de las primeras fases de la Guerra de los Treinta Años, y la expiración de la Tregua de los Doce Años en 1621 jalonaron el camino de la monarquía hacia la guerra total y provocaron la sustitución en el poder de los pacifistas por los *reputacionistas*. Liderados primero por Baltasar de Zúñiga en el Consejo de Estado y después por el propio Conde de Olivares, aprovecharon el relevo generacional y el ascenso al trono de un soberano joven para recuperar los valores y aspiraciones tradicionales de una monarquía guerrera, que cimentaba gran parte de su unidad interna y su prestigio exterior en la gloria militar y la reputación de sus armas.

La Rendición de Breda en 1625 fue la más relevante victoria española al reanudarse la guerra con Holanda, que Olivares se encargaría de exaltar utilizando los servicios del mejor pintor, Velázquez, y el dramaturgo más prometedor del momento, Calderón

Olivares como defensor de la monarquía frente a todos sus enemigos . Este grabado guarda relación con la polémica sustitución de los asentistas genoveses por financieros portugueses de origen converso.

Victorias y reveses de los Austrias

El pacto secreto acordado en Viena en 1617 entre la monarquía española y el futuro emperador alemán Fernando (II), y la defensa de su elección para el título imperial frente a la candidatura de un príncipe protestante apoyada por la rebelión del reino de Bohemia, implicaron directamente al rey Felipe III en una doble intervención armada en territorio checo y renano. A los intereses dinásticos de la Casa de Austria en la sucesión imperial, se añadía la necesidad de conservar y salvaguardar las rutas terrestres del *Camino Español*.

En un contexto de éxito militar y cambio de gobierno empezó a debatirse la conveniencia de prolongar la tregua con los holandeses. Finalmente, la reanudación de la guerra se hizo inevitable para los gobernantes españoles, fundándose en la carencia de descendientes directos de los Archiduques y el frágil estado de salud de Alberto de Austria, el golpe de estado que había desalojado del poder en Holanda a los partidarios de la paz con la monarquía, el cierre de la navegación por el Escalda que impedía la expansión económica de las provincias meridionales, la intolerancia frente al culto católico en territorio rebelde, el hostigamiento naval y comercial holandés sobre las colonias españolas en América y sobre todo en Asia, y el deseo de revancha por la reputación perdida con la firma de una tregua que reconocía la soberanía de unas provincias rebeldes.

En 1625 la monarquía española logró una serie de significativas victorias que provocaron a la vez sentimientos de euforia y preocupación. La exaltación propagandística y patriótica de éxitos como los obtenidos en Cádiz ante la armada inglesa, en Bahía (Brasil) y Breda (Países Bajos) contra los holandeses, y en Génova frente a los franceses y sus aliados saboyanos, con-

Plano de la victoria del Cardenal Infante Fernando de Austria en la batalla de Nördlingen (Alemania, 1634).

virtió a esta fecha en un año admirable (*annus mirabilis*) para la gloria militar, prontamente divulgada por la retórica de los más celébres dramaturgos del momento y los pinceles de los jóvenes y veteranos maestros del barroco en el cuidado programa que rigió la decoración del Salón de Reinos del nuevo Palacio Real del Buen Retiro. A pesar de sus elevados costes y limitados efectos sobre el terreno, estas victorias avivaron los más ambiciosos planes que proyectaban acabar con las principales potencias protestantes para instaurar en Europa una *Pax Austríaca* dirigida por la hegemonía dinástica de los Habsburgo en la monarquía española y el Imperio Alemán.

Pero el fracaso de las reformas internas emprendidas por Olivares y la crisis financiera de 1627, provocada por la suspensión de pagos y el repliegue del apoyo de los banqueros genoveses, sumieron a la hacienda real en una difícil coyuntura económica y política para mantener el enorme esfuerzo de las campañas anteriores. Además, el recelo de los ejércitos católicos e imperiales alemanes sobre los verdaderos intereses hegemónicos de la corona española puso fin a la colaboración dinástica entre las dos ramas de la Casa de Austria. Y a fines de aquella década, una escuadra holandesa capturó en el Caribe varios navíos de la Flota de Indias por primera vez desde su creación, apoderándose de un botín enorme, por la plata y demás productos de gran valor que transportaban. Desde entonces el transporte de la plata americana, esencial para las finanzas españolas, se hizo más irregular y arriesgado. Además, pese al endurecimiento de la guerra económica y el corso promovido por los españoles desde los puertos flamencos, en pocos años los ejércitos holandeses volvieron a recuperar gran parte de las plazas perdidas en los Países Bajos y el Brasil, no aceptando plegarse a las ofertas de paz hechas en 1629 por Olivares. El último revés que sufrió la monarquía a fines de esa década consistió en su desastrosa intervención en la Guerra de sucesión de Mantua (1628-1631).

La última ofensiva de Olivares

Para acabar con el aislamiento terrestre en que se encontraban los Países Bajos españoles tras las victoriosas campañas del ejército sueco desde el Báltico hasta el Rhin y la derrota de los católicos alemanes en Austria y en Baviera, el Cardenal Infante Fernando —hermano de Felipe IV— se enfrentó a los suecos en Nördlingen en 1634. Su sonada victoria le permitió abrirse paso hasta Flandes, y convertirse en su nuevo gobernador general. Pero al año siguiente, la Francia de Luis XIII y Richelieu declaró formalmente la guerra a la monarquía española, comprometiendo en el continente el éxito de la última gran ofensiva de los Austrias con la apertura de un nuevo y largo conflicto que se desarrolló hasta la Paz de los Pirineos de 1659, en el que ambas potencias se disputaron la supremacía europea.

Pero la última gran ofensiva dirigida por el primer ministro de Felipe IV pretendía igualmente liberar las rutas marítimas con los Países Bajos y desmantelar las colonias holandesas asentadas en las costas septentrionales de Brasil.

Olivares destinó enormes recursos a la puesta a punto de una armada poderosa, cuyos principales efectivos se enviaron en el otoño de 1639 al Canal de la Mancha bajo el mando del almirante Antonio de Oquendo para quebrantar el bloqueo naval franco-holandés. Aunque los navíos franceses se refugiaron en sus puertos, la batalla naval librada en la ensenada de las Dunas frente a las costas surorientales de Inglaterra se convirtió en una severa derrota para España, con amplias y graves repercusiones políticas, militares y financieras para la monarquía. Este quebranto de la *reputación* dio alas a los descontentos y propició los levantamientos que agitaron el corazón de la monarquía en 1640, sentenciando el futuro del valido en la corte.

Combate naval entre galeones españoles (con las aspas rojas de la Cruz de San Andrés) y navíos holandeses (con la bandera tricolor de la República de Holanda).

10. Las revueltas de 1640 y la caída del Conde-Duque Olivares

Cataluña, Portugal y la conjura andaluza

Con la idea de forzar una situación de equilibrio que favoreciese la negociación, el Conde Duque trató de aunar el esfuerzo común de todos los reinos. Aprovechando la presencia de un ejército real en el Principado de Cataluña para frenar el avance de los franceses sobre el Rosellón, pensaba enviar tropas catalanas a Italia modificando las constituciones forales que lo impedían en una próxima reunión de sus cortes generales. Pero la resistencia del campesinado al gravoso y perjudicial alojamiento de los soldados reales provocaron durante la primavera de 1640 un levantamiento progresivo del pueblo catalán contra los tercios que se extendió por todo el noroeste del Principado.

La represión oficial contra algunos de los principales representantes de la Generalitat, como su presidente el canónigo Pau Claris y varios diputados, avivó el movimiento de rebelión. Las propuestas de entendimiento hechas por Olivares llegaron demasiado tarde, y no lograron evitar que la revuelta se propagase y se hiciese cada vez más radical. El día del Corpus de aquel año los segadores que se habían concentrado en las afueras de Barcelona entraron en la ciudad durante la celebración, y los disturbios iniciales se convirtieron de inmediato en una sublevación contra los ricos y contra las autoridades reales, acabando con la vida del virrey Santa Coloma.

Ante estos acontecimientos, a los que siguió la propagación de la revuelta a la mayor parte del Principado, Olivares se decidió a invadir Cataluña para sofocar el levantamiento con rapidez. Además, con la idea de sacar fuera de Portugal a los principales

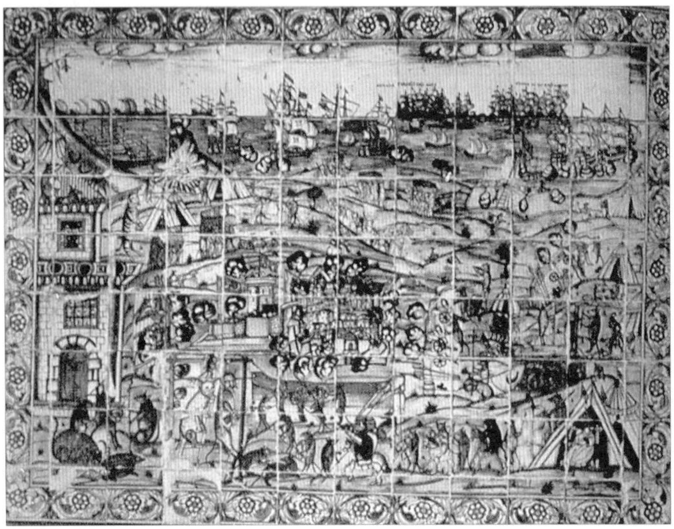

Cerámica catalana que representa la lucha de ratones y gatos, alusiva a la Guerra de Cataluña.

CARTA,
LLEALMENT
VERTIDA DE PORTVGVES
EN CATALA, LA QVAL VN
Cabo Portugues escrigué a vn Religios Portugues; dona auis dels bons successos que han tingut las armas del Rey de Portugal, don Iuan, contra las armas del Rey de Castella.

El Rey D. Iuã IIII.
de Portu- gal, que
molts anys visca.

Ab llicencia dels Superiors: En Barcelona, per Gabriel Nogues, en lo Carrer de Sant Domingo, 1641.

Carta en catalán sobre la revuelta portuguesa. Ambos levantamientos coetáneos fueron seguidos con enorme atención por las publicaciones de noticias de la época.

líderes de la nobleza, se les encargó dirigir las tropas portuguesas que se estaban reclutando para acudir a Cataluña y a la frontera con Francia. Pero el 1 de diciembre de 1640 la nobleza de los titulados y los *fidalgos* se apoderó del país, acabó con los hombres del valido en el gobierno y proclamó al Duque de Braganza como rey de Portugal con el nombre de Juan IV. Así se iniciaba un largo proceso de independencia que puso fin a la unidad peninsular lograda en 1580, y que la monarquía española sólo reconoció en 1668 después de una larga y muy costosa guerra.

Ambas rebeliones fueron aprovechadas por otras potencias, sobre todo por Francia, para debilitar la situación de la monarquía. El presidente de la Generalitat, Claris, declaró en 1641 la república, desatando un nuevo furor popular en Barcelona contra los grupos sociales acomodados que se mostraban dispuestos a negociar con la corona, y poco después prefirió ceder el Principado al rey de Francia para contar con su apoyo militar. Esta colaboración logró vencer al ejército real en la batalla de Montjuic, a las afueras de la capital, ese mismo verano, convirtiendo la revuelta catalana en el principal escenario de enfrentamiento con Francia hasta 1652, en que se produjo la rendición de Barcelona y de toda Cataluña ante Felipe IV.

Pau Claris, presidente de la Generalitat durante la sublevación catalana de 1640.

Este libro de Juan Caramuel sostenía que el reino de Portugal había sido conquistado por la monarquía española, y por tanto no se debían respetar sus privilegios.

El elevado coste político y militar que tuvieron estas revueltas peninsulares, complicando más aún la actuación de la monarquía española en sus conflictos internacionales y propiciando el estallido de otros levantamientos como los de Nápoles y Sicilia, debilitó extremadamente la posición del valido en el seno de la corte. Las intrigas cortesanas de los *Grandes* contra Olivares llegaron incluso a adoptar la forma de conjuras, como la que protagonizaron en Andalucía dos parientes suyos de la Casa de Guzmán, el IX Duque de Medina Sidonia y el Marqués de Ayamonte. Los conspiradores pensaban respaldar su levantamiento con la colaboración de los rebeldes portugueses y las armadas de Holanda y Francia, pero sus cartas fueron interceptadas por agentes del Conde Duque. Medina Sidonia confesó ante el rey y fue perdonado, pero se le castigó con el destierro de la corte y la prohibición de regresar a sus estados. En cuanto al marqués de Ayamonte, sobre el que recayó el mayor peso de la ley, fue condenado a cadena perpetua confiscándose todas sus propiedades, y cuando se produjo la conspiración del Duque de Híjar en Aragón, en 1648, ambos resultaron ejecutados.

El exilio del Conde Duque

La despedida de Olivares de la corte se produjo el 23 de enero de 1643. Para evitar a la muchedumbre descontenta que le aguardaba a las puertas de Palacio, se determinó que saliese después de comer, bajando por una escalera secreta hasta un coche camuflado con las cortinillas corridas, dejando así que su carruaje cruzase vacío la puerta principal con una comitiva. Tras pasar los primeros meses de su exilio en su villa de Loeches (donde hoy yace enterrado junto a su esposa), las presiones de sus enemigos en la corte, pese a la defensa de su ministerio que hacían algunos de sus antiguos colaboradores con escritos como el *Nicandro*, le obligaron a trasladarse al palacio de su hermana, la marquesa de Alcañices, en la villa de Toro, donde murió sumido en el olvido y los desvaríos de la mente, el 22 de julio de 1645. Sus pensamientos en aquellos difíciles años nos recuerdan a las palabras del anciano Cardenal Duque de Lerma veinte años atrás: «Solamente necesitaba entonces olvidar todo el pasado y hacer las paces con Dios. Dios me dé gracias para bien morir y no saber nada del mundo, ni que el mundo lo sepa de mí».

Los últimos validos

Tras la pérdida de su *ministro privado*, como se llegó a considerar el valimiento de Olivares hacia 1640, revistiendo su relación con el rey de un carácter más oficial como ministro principal y de mayor confianza, Felipe IV volvió a asumir de forma más activa sus tareas de gobierno, presionado por las fuertes críticas contra el valimiento y los consejos de su célebre confidente, la monja Sor María de Agreda. Durante las tumultuosas y difíciles décadas de 1640 y 1650, contó en su actividad de gobierno con la discreta colaboración de un sobrino de Olivares, Luis Méndez de Haro, que se había convertido en el principal sucesor de esta rama de los Guzmanes y gozaba de la confianza del soberano después de varios años de servicio en la corte junto a su tío.

Haro representaba una línea de continuidad en la privanza, pero su papel siempre se presentó como el del *Primer y principal ministro* del rey, y su reconocimiento público se consagró con la firma de la Paz de los Pirineos en 1659, que supuso el fin de una larga guerra con Francia iniciada en 1635 estable-

Palacio de Alcañices en Toro, donde murió el Conde Duque de Olivares en 1645.

Luis Méndez de Haro, sucesor político y familiar del Conde Duque, fue un hombre fiel al modelo de estadista de mediados del siglo XVII, apareciendo siempre disimulado y discreto.

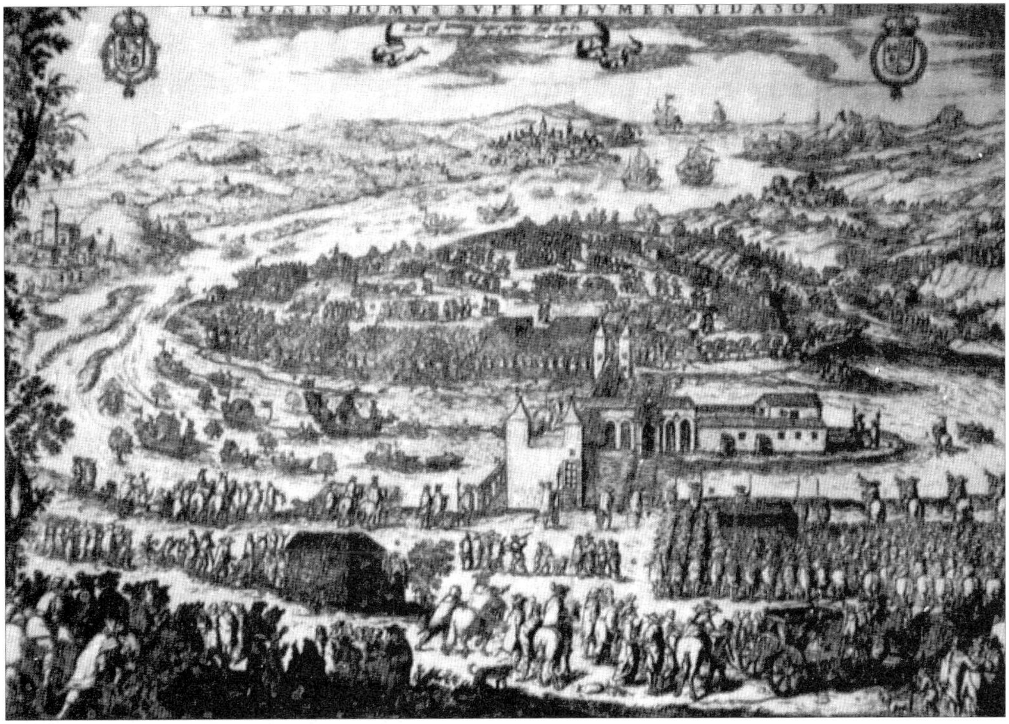

Vista general de la Isla de los Faisanes, en el Bidasoa, donde se firmó la Paz de los Pirineos (1659) entre el joven Luis XIV y el anciano Felipe IV, con un complejo protocolo que exigía un trato igualitario entre ambos soberanos.

Retrato del jesuita alemán Juan Everardo Nithard, favorito y confesor de la reina Mariana de Austria.

ciendo entre ambos estados unas fronteras semejantes a las actuales; pero también inauguró un período caracterizado por la hegemonía francesa en la política europea, a pesar del equilibrio continental al que aspiraba el concierto matrimonial entonces acordado del joven Luis XIV con María Teresa de Austria.

A su muerte, en 1661, Felipe IV no le sustituyó por ningún otro valido, pero la regencia de la reina Mariana de Austria durante la minoría de edad de Carlos II brindaría a su privado y confesor, el jesuíta alemán Juan Everardo Nithard, un destacado protagonismo en la corte, en el Consejo de Estado y en la Inquisición, aun cuando el testamento de Felipe IV prohibía expresamente la existencia de un nuevo valido. Claro que el confesor de la reina no llegó a ser verdaderamente un valido como los que hemos visto anteriormente pues aunque gozaba de la confianza de la reina gobernadora, su actuación en la dirección de la política y en las tareas de gobierno fue bastante limitada.

Mariana de Austria, segunda esposa de Felipe IV, representada como reina gobernadora durante la minoría de edad de Carlos II.

Los sectores más influyentes de la corte y los consejos no se oponían a la existencia de un primer ministro, pero detestaban abiertamente al favorito de la reina y preferían para detentar esta posición a un miembro de sangre real, como el ambicioso e intrigante Don Juan José de Austria, hijo bastardo de Felipe IV que a punto estuvo de usurpar el trono a su hermanastro Carlos II.

Interesante y curioso grabado de Don Juan José de Austria, como Atlas que sostiene el globo de la monarquía de su hermanastro Carlos II.

Cerrando esta valoración sobre los sucesores del valimiento debemos mencionar por último a Fernando de Valenzuela. En efecto, tras la caída en desgracia del padre Nithard, la reina Mariana convirtió a Valenzuela en su principal confidente, evitando darle el protagonismo institucional de que gozaba su antecesor y dejándole a su lado como un simple *favorito* cortesano. Esto le permitió estrechar su amistad con el heredero y ganarse su confianza, hasta el punto de que cuando Carlos II asumió el trono le nombró oficialmente su *Primer Ministro* y le hizo reconocer como tal por todos sus consejos. De esta forma, el valido adquirió un cargo de competencia universal y dignidad superior al de todos los presidentes y altos oficiales de la administración de los reinos.

La pronta caída de Valenzuela se debío principalmente a la oposición de los Grandes, que detestaban el encumbramiento político de un plebeyo (de origen no nobiliario), y a las maniobras del influyente Don Juan José de Austria. Así desaparecieron los validos de la política española, tras ejercer una peculiar combinación de amistad con el rey, influencia en la distribución de las mercedes y servicio en las tareas de gobierno.